人生支点越多，
内核越稳

剑圣喵大师 著

事业

学习 爱情 友情 家庭

阅读 冥想 婚姻

阅读

旅行 聆听 社交

艺术

北京联合出版公司
Beijing United Publishing Co.,Ltd.

图书在版编目（CIP）数据

人生支点越多，内核越稳 / 剑圣喵大师著. -- 北京：
北京联合出版公司, 2025.9. -- ISBN 978-7-5596-8757-
9

Ⅰ. B821-49

中国国家版本馆CIP数据核字第2025K8F242号

人生支点越多，内核越稳

作　　者：剑圣喵大师
出 品 人：赵红仕
责任编辑：刘　恒
策划编辑：唐鲁利
特约策划：周亚菲
特约编辑：吕新月
版式设计：沐希设计　姜　楠
书籍装帧：青空工作室

北京联合出版公司出版
（北京市西城区德外大街83号楼9层　100088）
北京时代华语国际传媒股份有限公司发行
三河市宏图印务有限公司印刷　新华书店经销
字数170千字　880毫米×1230毫米　1/32　7.75印张
2025年9月第1版　2025年9月第1次印刷
ISBN 978-7-5596-8757-9
定价：58.00元

自序

一个人保持能量的最好方法是什么？

那就是：尽量少感受到失败。

这么说也许你会觉得我在安慰你。但不是，我这个方法是经过实证的。

这个世界没有绝对失败的人和事。

一件事即便失败了，那也只是在某个评价体系下的失败，实际上在另外一个层面，你可能收获了很多东西，只是你没注意到罢了。

比如，失恋带来的悲伤会让人痛不欲生，但从另一个角度来看，你也因此获得了单身的自由，还获得了一段甜蜜的回忆和一个毕生难忘的教训。

单身的自由、甜蜜的回忆、难忘的教训是

失恋后一定会拥有的，所以无论失恋有多痛苦，你在这段关系里一定是收获大于付出的。

你千万别有"当初要是不相遇，今天就不痛了"的想法。

如果当初不曾相遇、不曾相爱，你的人生或许会留下一段空白。因为即便在这个阶段邂逅了更优秀的人，那些该经历的事依旧一样都不会少。只有经历过这些，你才能领悟爱的真谛，才能真正理解一段美好的亲密关系。

所以我要告诉你，世界上没有完全的失败。哪怕失恋、失业、生病，甚至是更可怕的灾难，都有另一面。你不妨将这些事情解读为中性的、客观的事实。

这本书要教会你的，就是这种客观的解读法。

这些规律也是客观的，只是你被绝望侵袭了心智，导致你看不清真相。所谓"塞翁失马，焉知非福"，我就是在具体层面说明这个逻辑。

事实上，你若能以愈加客观甚至积极的态度，去解读发生在自己身上的那些所谓的"失败"，便会获得更强的动力去解决问题，也更有可能提升自身能力，从而避免更大的灾祸，进而拥有更多机会去企及以往从未达到的高度。

你甚至可以这么想：这些"失败"并不是灾难，它是对你的一种启示，是以你目前的智慧难以理解的一种因果。客观世界根据你过去的种种加上你周围的一切，共同推演出了这个对你的提醒。

对于这个提醒，你不能逃避，而是要去解决问题。

或许你早已察觉，自己的生活正变得日益乏味，生活中的"乐子"几乎被你找遍了。

于是，"麻烦"找上你了，然而这"麻烦"的背后，兴许并非灾难，而是一股促使你突破原有舒适圈的力量。你不妨借着这股力量突破你以前从未突破的困境。

突破这层困境，你会来到一个新的世界，新的世界里有你从未见过的东西，但这不是最大的奖励。最大的奖励是，你有可能改变很多事情。

"可能性"是我们心中的希望，是人类最需要的东西，是我们驱动灵魂的原力。

你不需要后悔以前做过的事，也别勉强自己做不喜欢的事。只要顺应自然的规律，你就会发现，那些你觉得是失败的经历，其实都不是真的失败，而是生活给你的考验，就像是老天爷给你布置的作业。

你非常聪明且幸运地领到这些作业，接下来你可以试着像玩游戏那样去攻克它们。

读完这本书，你便可以行动起来。

在这个世界上，发誓、后悔、懊恼都没什么用，唯一有用的就是实实在在地去做事情。

这个世界不需要发誓，不需要后悔，不需要懊恼，它只认一个东西——真实的行动。

祝福你。

周若愚
写于 2024 年 11 月 14 日
筑波大学研究室

目　录

第
1
章

人格支点

打破单一认知，

筑牢自我根基

改变"讨好型人格"：

给"人际付出"安上"成长支点"

○ 你对别人好，不必求回报

这里有一个关键问题，你对别人好，你在别人身上牺牲了宝贵的时间和精力，到底为了什么？

如果你的目的是能够被别人爱，消除孤独，得到别人的认可或帮助，那么一定会事与愿违。在这个过程中，你会绝望，会被人讨厌，甚至失去自我。

许多人已然知晓这一事实，故而纷纷劝告他人切勿形成"讨好型人格"。然而，此方案却难以奏效。

因为人类对孤独的耐受力是很低的，人类社会今天的发展就是靠着人与人之间的协作来实现的。那些对孤独耐受力很强的人，多半是世外高人，他们结婚并且生育后代的概率不高。换句话说，我们大概率是"不耐受孤独类型"的后代。

真正改变"讨好型人格"的方法是：你对别人好时，并不求别人的回报。

这与对方的品性并无必然关联，由于人际交往中存在着显著的社交无效性，充满了诸多混乱与错位，因此你必然无法收获足够的回馈。

你真正需要追求的是自身的成长与进步。你要明白，这个世界最终会选择你。鉴于人性中存在的幼稚、贪婪与自私，必然会有众多的人在未来依赖于你才能更好地生存。所以你对别人的好，总有一天会回转到你身上。

只要你身处社会且拥有一份工作，你就根本无法逃避这种考验。

"一着不慎，满盘皆输。"

因此你必须提前修炼自己，学会恰当地表达，掌握运用抚慰他人情绪的技巧，学会依据组织的规章条例去应对。

○ 不求回报，会得到更大的回报

如果担心到了危险时刻不知所措，何不提前学习一下呢！

在损失可控、风险较小的情况下，你不妨试着帮助一下这些人。你会发现，人类确实有自私、贪婪、愚蠢的一面，你也一样。

不过由于你心平气和地经历了许多事，你会知道有些事没有你想象的那么可怕，有些人没有你想象的那么难对付，有时候只需要一点小小的暗示，整个环境就会发生翻天覆地的改变。

你不是操纵风的人，但你能读懂风的流向，继而乘着风走向别人到不了的地方。

你坚持这种不求回报的"讨好型人格"，迟早有一天会成为一个能够应付一切的英雄。在你的周围会逐渐聚集起一群渴求你庇护的人，你会在实际意义上拥有"讨好型人格"者梦寐以求的"影响别人"的能力以及"被别人深深爱着"的感受。

如果你是这种不求回报的讨好者，就不会亏损。因为你做对了事，会得到别人的回报；做错了事，会得到教训。

这个教训可是一种比别人的回报重要得多的东西，只要来一次记忆深刻的教训，就足以把你从毁灭的边缘拖回五公里。

比如，我曾经因为无偿帮助别人，最后被别人怨恨，至今都没能解开误会。说实话，这种事还不止一件，可以说，在亲密关系的修炼上，我确实是一个非常愚蠢的人。

但是在这个过程中，我得到了很多宝贵的东西。

首先，我明白了一个道理——

不要和难以自我负责的人深交，因为到最后，你必然成为他们的惩戒对象。不管这些人多么美丽，多么风光，多么有价值。

我曾遇到许多对自身颜值与实力极度自信之人，他们自认为能够应对一切状况。然而，当他们遭遇那些"自我无责任者"时，往往会因误解而被对方认定为致使自己遭受损失的根源。须知，无论多么大的努力，都难以搞定一个铁了心要与你分道扬镳的人。

其次，我在"被人辜负"的过程中，发现了一个很有意义的事实：别人不喜欢你，对你的生活没有太大的影响。

即便在你所处之地，诋毁你名誉的谣言四处传播，实际上这也存在有利之处。

一来，谣言帮你过滤了热衷于传八卦的人。要知道与这种人来往，你会沾染数不尽的是非，然后莫名其妙被别人怨恨。

人生支点越多　内核越稳

二来，谣言帮你过滤掉没有价值的人。若有人相信了关于你的谣言，因此讨厌你并远离你，这全然是一种纯粹的收益。因为那些对你真正有帮助的人，自然能够辨别谣言的真伪，又或者他们原本就不在意这些谣言。

所以，我建议你成为一个不求别人回报的人。

由于你不图回报地行事，你便拥有高得多的概率去持续认知一些关键的客观现实，也就更有可能成为社会中较为稀缺的那类人，进而获得自然规律在冥冥之中的庇佑。

你勇敢，所以你胜利，仅此而已。

改变"回避型人格"：

用"直面风险"搭建"勇气支点"

○ 避免伤害最好的方法，是直面危险

许多读者让我谈谈"回避型人格"。

其实，读者们所说的"回避型人格"跟学术定义里的"回避型人格"不是一回事。学术定义里的"回避型人格"特征是：对赞美和认可的依赖。即一旦怀疑某项活动可能引发他人负面评价，他们便不会参与该活动。

而现实里，人们对"回避型人格"的理解大概是：不想参加活动，并不过分在意赞美，而是害怕被别人伤害，或者被卷入很多麻烦事情里。

如果是这样，我想告诉你：避免伤害最好的方法，恰恰是直面危险。

老子有云："将欲歙之，必固张之；将欲弱之，必固强之；将欲废之，必固兴之；将欲夺之，必固与之，是谓微明。柔弱胜刚强。"

一般人之所以会有""回避型人格""，最重要的原因是相信了"防人之心不可无"。但是"防人之心不可无"不等于"不和别人来往"。准确来说，如果你贯彻"尽量避免和别人建立亲密关系""尽量避免出门"，你是没有办法磨炼"防人之心"的。磨炼"防人之心"必须接触人心，不然你根本没有机会搞清楚防御的机制。

在一次聚会上，一位朋友给我讲过这样一个故事。这位朋友是颇有名气的影视投资人，他与一位女演员相识已有五年。在这五年里，他们一起经历了诸多风风雨雨。当初，那位女演员才刚刚崭露头角，是我这位朋友独具慧眼，看出了她的表演才华，将她推荐给了合适的剧组。后来，那部短剧大获成功，火遍了全网，而我的这位投资人朋友也从中赚到了不少钱。

某天，女演员想参演一部资源很好的剧，我的朋友帮忙问了圈内好友，奈何无果。十天后，我的朋友被那位女演员拉黑了，结果他还非常卑微地跑去女演员微博评论区留言。过了几天，有人告诉我朋友，说女演员准备揭发他搞潜规则。

朋友不紧不慢地拿出聊天记录和微博的留言。原来他在微博留言除了道歉，还达到了一个目的，就是把事情说清楚。即使被别人拉黑，他也不拉黑或者删除别人，这样他就可以保留聊天记录。

他把证据出示给中间人后，女演员没过几天来道了歉，对于对方，他还是像以前一样友好，只是再也没有合作了。

我问他：经历了这种背叛，你为什么还能继续寻找优秀演员，不怕再被坑吗？

他微微一笑告诉我：人其实很乏味的，手段也就那么几个，等你把他们琢磨透了，你恨不得他们再隐藏得深点，不然就太无趣了。

他根本不需要刻意去防人，因为他的防御技术早已融入他的一言一行中，虽然在别人看来，他只是低调、谦和。有智慧的坏人，不会挑选他这种对手。因为骗子的核心技术不是骗术，而是会筛选那些欲望超出自身实力的人。

○ 你唯一需要恐惧的，只有你的恐惧

相反，倘若你为了避免受到伤害而一直回避社交，那么你极有可能遭遇灾难性的背叛。对于这一点，我很是同情大家，毕竟大家起初都是怀着善良之心去相信他人的。然而也正是因为这份善良，大家常常会在遭遇重大背叛时遭受巨额损失。或许你的父母、你的好友曾经历过这样的灾难性背叛，所以你才变得不敢再轻易相信别人了。

为了避免受到伤害而一直回避社交，这种做法一个非常大的弊端在于，你一直回避接触人，导致你的人生大部分时间里都接触不到人，这使得你的人生里根本没什么重要事件。

很多人常常在我的评论区里留言，"一个不求回报的人，只会被人一直掠夺到死"。其实这句话并不对。

我帮助别人是不求回报的，我更追求在解决那些问题中磨炼技术。我的付出不会停止，因为我的付出必须按照我的方式、我选择的地点和时间进行。不是你要什么，我就会给什么的。

如果有人拿友情来威胁我，说什么你不帮我，我们的友情就会怎样怎样，那么在他开口的那一刻，这份友情在我心里基本就已经清零了。我会提醒他，这样做对他而言是笔很亏的"买卖"。

　　　　　　　　人生支点越多　　内核越稳

如果有人以给我造成损失来威胁我，我则会友好地告知他，我有很多利益相关者，他最好去问问这些人是否会答应。

实际上，我上述的这些做法，都是希望能给对方一个机会。如果一个人带着威胁的口气来找我合作，我只会把他当成一个不懂事的孩子。

只有孩子才会有这种"得不到糖吃就要生气"的幼稚行为。一旦有人对我做出这样的行为，我几乎可以确定，他根本没有足够有效的手段给我造成实质性伤害，也凑不够盟友来给我施加压力。他这样做，无非就是想欺负一下弱小者，看看有没有刚认识的人会吃亏上当。

碰到我，算他踢到铁板了。不过，我通常也不会对他怎样。毕竟像这样的大龄"儿童"还挺多的，我们还是要对他们多一些宽容。

所以你越是流露出"一个不求回报的人，只会被人一直掠夺到死""最好谁也不要相信，这个世界到处是坏人"这种受害者气质，你就越容易招来恶魔。可以预见，抱有这种观念的人，既无足够的防人技术来对付敌人，也没有足够的盟友来平摊伤害。

最重要的是，你在恐惧。而"利用别人的恐惧"是操控别人的一种手段。

你唯一需要恐惧的，只有你的恐惧。

所以，如果你真的想要达到"回避坏人"这个目标，最好的手段，就是积累对付坏人的经验。你不要担心你会被别人欺负到死，恰恰是在接触别人的过程中，你才能够修炼防人之术，哪怕多么无理的背叛，都不至于让你伤筋动骨。

以打游戏为例，即使你一直给自己加闪躲，闪躲概率也是不可能100%的，某一天你闪躲失败，就会被一招秒杀。

你最好还是修炼攻击力和防御力。看着你左手抬着重剑，右手提着大盾，天罡之气围绕全身，没有人会想来攻击你，你闪躲为 0 都没关系。

上述高人，我称之为回避之神。

人生支点越多　内核越稳

极度自卑又极度自恋：
用"客观认知"平衡"自我支点"

○ 远离"傲慢型自恋"的人

"自恋"其实也分健康的和不健康的。

比如，如果你喜欢哲学，特别是古代中国哲学，那你肯定会很乐意和我做朋友。因为在聊天过程中，一旦发现有交流古代哲学的机会，我就会兴奋得像个孩子，滔滔不绝地说个不停。

这样的自恋就是健康的，特征是："我具有某种优势，因此我值得被懂得这个优势的人喜欢。"

"世有伯乐，然后有千里马。"具有某种优势的我很可贵，但是"懂得这个优势的人"更加可贵。所以在这种聊天氛围中，两个人都是愉悦的，两个人彼此都发现了自己的宝贵之处。

但这种自恋形态不会出现"极度"的特征，因为我本能地觉得我的哲学造诣还能提高，我在哲学这条攀岩之路上，远远没有达到巅峰。

只有不健康的自恋会具有"极度"的特征，其本质是自卑带来的恐惧，为了压制恐惧必须宣布自己已经站在了最高点，因此没有继续往前的必要了。

既然自己已经没有办法变强，那么就只能靠贬低别人获得优越感，所以和这种"极度自恋"的人来往，会感觉非常不愉快。

例如我每次在短视频里科普亲密关系时，一定会出现这种留言："你说这些有什么用，有钱能搞定一切！"

说起来你可能难以相信，说这话的人口气是嚣张的，但人其实是自卑的。

为什么？

因为他们已经断定"学习亲密关系技巧是无用的"，并基于此，为自己拒绝学习找借口。

他们表面上是表达了"不是我不想学，而是我学了没用"的错误观念，其实真实的心理是：我学不会，我又不愿意承认我软弱，所以我宣布它没用。

这本质不是自恋，而是傲慢。这种傲慢不仅妨碍他建立良好的亲密关系，更让他很大程度上没办法变得"有钱"。因为想要有钱，得增加自己与社会博弈的能力，需要更加痛苦地修炼自己。

用同样的逻辑，这种人还可以解释自己为什么没钱，那就是："我一介贫困青年，又不是含着金钥匙出生的贵族，怎么可能有钱？"

有读者问我，如何与"自恋型人格"的人相处？我觉得这里说的大概率不是"健康型自恋"，否则你们会相处得非常融洽，

　　　　人生支点越多　　内核越稳

不会来问我这个问题。

可如果是"傲慢型自恋"的人，说句实话，你最正确的做法是远离他。

人本身有一种本能，会对这种人退避三舍。他们那种嚣张的态度和盲目自信，不过是其内心绝望所带来的副作用罢了。

大家真正害怕的是：迟早有一天，你会被他裁定为罪人。

"傲慢型自恋"的人，其整个人生都围绕着"我没有错，是其他人错了"这样的逻辑运转。一旦你与他们发生冲突，他们必然会判定你是导致其痛苦的罪魁祸首。

倘若你怀着大爱的精神去感化他们，实际上这是在耽误他们对自己的觉察之路。他们迟早要承担起责任，要目睹自己的世界逐步缩小，要一次次被现实否定，唯有如此，他们才可能真正摒弃这份傲慢。

"天无可罪"，假如一个人去责怪地心引力，无论他多么强大，等待他的都只有消亡这一结局。

○ 客观描述事实的人，都很厉害

接下来谈谈如何培养健康的自恋，而不是傲慢的自恋。

如果下定决心想改变，其实不难，在你的生活中，少用些"极度"的表达就行。可以说，稍微有点阅历的人，一看到这种"极端式"遣词造句，就知道你重心不稳。

比如经常有男生问我：长得矮，是不是就永远得不到女生的爱了？

这么问，我只能回答：是的，颜值低还能整一下，身高确实是个很难改变的东西。

难道这样就要绝望吗？

首先应该修改一下他的表达，他可以这么问我："个子比较矮的男生，如何获得异性的青睐？"如果对方这样问，我甚至不需要给他建议，他在生活中能保持这种乐观，就足以吸引到很多女生了。

虽然很多女生喜欢个儿高的，而人身高确实也没法改，但这对小个子男生并不是无解问题。

女生喜欢个儿高高的、身材健硕的，其底层逻辑是喜欢这种外形带来的安全感。实际上，即使有男生满足这种外在条件，但内核不符的话，也会被女生嫌弃。

乐观自信、内核稳定的男生，哪怕身高一般，也会有综合魅力。

你在网上会经常看到这类提问：

"为什么男人到了晚年，才发现妻子根本不是最亲的人？"

"有没有那么一瞬间，你发现自己根本没被人爱过？"

"是不是在单位里没有人脉，就永远无出头之日？"

"善良的医生被杀害了，好人难道永远没有好报？"

本质上这些提问都反映出一种自卑和傲慢，必须将未来描述得毫无希望，必须把一切积极的事物描述得毫无价值，才能证明自己根本没有错。

如果你总是喜欢用"永远""极端""非常"，你就会一直活在某种消极的恐惧里，你很难去尝试，自然难以发现某种真实存在的希望。

对现实始终保持一种客观的描述，是一种极其强大的情绪力量。

A 博士最近在顶尖学术杂志上发表了一篇论文，我向他表示恭喜的时候，他非常淡定地告诉我："这次被录用完全是运气，我以往投稿都是被秒拒，我这次时间充裕只是投了试试，哪知道突然就进入审稿流程了，最后改了几次就发表了。"

听完这话，你不会觉得 A 博士很水，反而会清晰地感受到他有一种很强大的学术自信，他一定是有很多的业绩，才会那么不在意这区区一篇论文。

谦虚不是贬低自己，而是基于客观事实真实地描述自己，愿你有这样的强大。

我建议你做一个"没有尊严"的人：

让"责任担当"成为核心支点

○ 盲目地捍卫尊严感会毁掉你

人到中年后，幸福感是和尊严感密切相关的。遗憾的是，它们是负相关的，准确地说，你尊严感越低就越幸福。

这么说你可能难以理解，难道要舍弃尊严才能获得幸福？

并不是。危及幸福的不是尊严，而是你捍卫尊严的"错误做法"。如果你用了正确的方法，那建立在实力之上的尊严会让你更加幸福。

乔布斯有一段经典的话："我特别喜欢和聪明人交往，因为不用考虑他们的尊严。"

当时采访者问："聪明人没有尊严吗？"

乔布斯回答："不，聪明人更关注自己的成长，时刻保持开放的心态，而不是捍卫面子，不是想方设法证明'我没错'。"

聪明人，"更关注自己的成长，时刻保持开放的心态，而不是捍卫面子，不是想方设法证明'我没错'"。

我把这类人称为"担当者"。

还有一种人，在他们自己的定义里也是聪明人。他们的做法是：当他们做了一件可能会遭到批评的事时，他们选择用借口为自己"免责"。

日本人把这类人称为"借口者"。

在日语中，道歉的标准表达是：申し訳ございません。意思是，我没有可以说的借口。这和对不起是有区别的。因为在古典日语的语境里，你说了借口就更被人讨厌。

遗憾的是，在日常生活中，那种犯了错就找借口试图逃避责任的人比比皆是，这可能是某种"有了借口就可以不被处罚"的错误观念导致的。

经典案例就是：我作业忘记带了，所以就不用罚站了吧！

我曾经有一个学生小龙，他是一个非常有天赋的男孩。在班上有学生因为不想完成作业而公然顶撞我时，他站起来维护我，这让我很感动。如今我和小龙的关系却从那种超越师生界限的铁哥们儿，变成了彼此不再联系的状态。

对此我一直深感自责，原因就是，我试图把他从"借口者"转为"担当者"。

在这里强调一下，这主要是因为我的影响方法非常有问题，抑或我本来就不该强行改变一个人的行为习惯。总之，在我们关系变糟糕这件事上，主要责任在我。但如果让我重新选择一次，我还会坚持我的选择。

小龙打算申请一所学校的研究生，该研究生类型类似于在职研究生，毕业时能拿到双证，而且录取比例相对较高，学校还是名牌大学。要知道，当下考研的竞争越来越激烈，形势愈发严峻，对于本科是双非院校的学生而言，想要考上 211 高校的研究生，在如今无疑是一项极为艰难的挑战。

小龙能够找到这样的信息，足以说明他思维确实比较开阔。不过，这种研究生项目必然存在一些限制条件，其中关键的一条就是必须具备三年相关专业的工作经历。

小龙确实毕业工作了三年，但不是相关专业，这个项目要求的是教育类工作。他想到一个方法，找到一家补习学校的老板，让其为自己开具了一份三年教育工作经验的证明。

当他来找我讨论这件事时，我当即表示了强烈反对。首先，弄虚作假是不对的，而且我深知这类项目的审核是极为严格的，绝不可能蒙混过关。

小龙生气了，认为我阻碍了他的前途。"我这么信任你才告诉你，你居然摆老师的架子。""富二代含着金钥匙出生，穷人家的孩子不想点办法，怎么活下去！"

结果自然是不欢而散。

最终小龙的资格审核没通过，对方没直接指出他造假。小龙不服，威胁要去举报。结果对方真的报告上一级部门，查出了他简历造假，该案例还被作为反面典型进行了通报。

即便有了这种结果，小龙对此事的认知也是：社会不公，穷人被歧视了。

这便是"借口者"的行为模式，他的行为模式并不基于现实逻辑，也不充分评估自己行为的成功率，更不会为了提高成功率而去做一些艰难的事。

他们行为策略的关键就是：如果成功了，那是因为我聪明；如果失败了，那我一点责任都没有。

看起来永远都在赢是不是？实则大错特错。

○ "担当者"不用刻意捍卫自尊

这种以借口来逃避责任的行为模式，使人缺乏真正去迎接困难挑战的动力，进而导致他们热衷于投机取巧。

就像小龙，他本应踏踏实实地加大学习力度，通过自身努力提升实力，而不应在录取率高但要求不符的这类项目上弄虚作假碰运气。实际上，这种总是寻找借口、投机取巧的行为模式，对个人的长期发展潜力是一种极大的毒害，会阻碍自身的成长和进步。

而在社会中，这种通过"寻找借口"来"捍卫面子"的行为，通常意味着一个人大概率不会尽力去确保一件事的成功。

比如，很多人做错事被批评，第一时间宣布自己是"抑郁症患者"。

我非常痛恨这种行为，因为这种行为在污名化真正的抑郁症患者。

社会对"假抑郁症患者"其实是严厉的。你别看他们似乎不受批评，但是领导、企业会回避让他们担当更重要的角色，会避免把关系重大的项目让他们负责，因为一旦失败，那可是会砸很多人的饭碗的。

这就直接致使这类"假抑郁症患者"在实质上被排除在重要职位之外，高价值的异性也会刻意避免与他们产生情感纠葛。从某种程度上说，这也是他们咎由自取的结果。但不容忽视的是，这在无形之中对真正的抑郁症患者造成了伤害，他们或许一直在努力生活，并且非常需要亲密人际关系的支持。

所以，不管你作业是忘带了还是压根没写，都请出去站着。只有站着，你才会去思考，下一次应该怎么样合理规划休息时间以完成作业，怎么样提醒自己不要忘带作业。

对于这种"担当者"，我非常欣赏。

我曾经闯过一个大祸，我60岁的导师为此还被领导斥责。这件事主要是因为我轻率地相信了别人，结果别人为了蝇头小利干了蠢事，但我不觉得我没有错。

如果我真的没错，就不会发生这件事。事情既然发生了，我就有不可推卸的责任。

之后，我做了一系列预案，以从根源上避免这类事情的发生。我导师甚至都觉得我的预案过于消耗时间精力了。但一个负责任的人，就应该举重若轻，这是这件事给我的启发。

我导师没再说什么，几天之后，我发现他居然牺牲自己的资源以帮我挽回损失。

"从不维护自己尊严"的人，本质上有足够自信能解决问题，有富足的安全感从而不用捍卫自尊，有足够毅力去面对真正的挑战。

这种人才是这个世界值得依靠的人，"从来不被指责"只是反映出一种对世界的恐惧罢了，并不强大。

人生支点越多　内核越稳

为什么我劝你不要当"老实人"：

拒绝"单一标签"，构建多元价值支点

○ 老实人分很多种，只有一种不提倡

有读者给我发来了这么一条提问：

喵大师，为什么在职场中，领导总是把脏活和累活丢给像我这样的老实人呢？是不是因为我太善良，是不是因为我好欺负？我要不要努力反抗？

我回答：我建议任何人都不要做"老实人"。

在社会主流观点看来，做"老实人"是值得鼓励的，但这要做具体分析，如果一概而论，实际上害人不浅。

如果你所说的老实人指的是诚实的人，那确实没问题。一个诚实的人在长期的博弈中是不会吃亏的，只是在短期关系里，可能会遭到一些人的背叛，从而损失一些表面的利益。但从长远来看，

一个诚实的人往往是值得托付的，无论多么高明的骗子，迟早会因世事的无常，使自己辛辛苦苦骗来的钱财一夜之间化为乌有。

为什么？这是因为社会要正常运行，就必须遵循一定的规则。倘若你违背了这些规则，或许短期内能获得一些利益，但这种行为会破坏平衡，迟早会被社会中趋于稳定的力量所制裁，导致一切付诸东流。

如果你说老实是不善于表达，这就更没有问题了，甚至是一个优良的品质。

君子"讷于言而敏于行"，原因在于，一个人靠行动证明自己比靠语言证明自己要有效率得多。目前人类的语言没有办法完全表达清楚自己真实的意思，除非你说话水平有合同那么高超，否则一个人把过多精力花在修辞和表达上，等于过度依赖外界评价，这是痛苦的根本。

如果说，老实人是善良的人呢？这同样值得鼓励，善良其实是一种很好的活法，只是大家往往活成了低水平的善良。你不要以为同样低水平的情况下，你转化为恶人能让生活变得舒服一点。

实际上，当代社会对老实人还有一种理解是——无能。但是，很多人还对此沾沾自喜。

"我是一个老实人，请和我结婚吧"，言下之意是自己根本没有什么恋爱经验，因此一定不会背叛亲密关系。

一个事情你没有做过，不等于你不会去做，事实上，越是没做过，越是让人觉得你可能会去尝试。

也许你会说，我很害怕，所以我不会去做。

世界上大量的事实足以证明，很多很疯狂的事情往往是由意志力很薄弱的人做出来的。而意志坚定的人，通常不会秉持"无毒不丈夫"的观念，也不会倾向于使用暴力，因为他们具有很强的自我

　　　　　　人生支点越多　内核越稳

控制能力。这也是过量饮酒往往导致家暴的原因之一。

自称老实人，却得不到想要的异性评价的真实原因就在此。

○ 让别人评价你"老实"，而不是自己标榜

一个残酷的事实是，你标榜自己老实，就是在引来"脏活""累活"。

你向大众传达了一个信号：请大家信任我。

这时，可能会有人试着开始信任你，比如领导。然而，若要真正信任你并将你安置到重要岗位上，他们往往需要对你进行一番试探。于是，大众都不愿意干的那些"脏活""累活"便落到了你身上。

你先别急着抱怨，要知道这个机制是由自然法则所决定的，有其合理性。

一个事情你能干下去，最直接的证据就是：哪怕外界报酬很少，哪怕事情本身很痛苦，你也能坚持下去。那就值得别人为你投入资源。

当代很流行"无条件支持子女一切决定"的教育理念，他们觉得这是一种爱的象征。结果是什么呢？就是剧烈的家庭冲突。

孩子的兴趣若要获得收益，除了要有家长前期的投入外，还必须经过长期的努力。在这长期的努力过程中，一旦人生出现波折，孩子往往会想要放弃，这是很常见的情况。

而到了那个时候，家长可能会突然发怒，说："我为你付出了这么多，你怎么能半途而废呢？"孩子则可能会立马顶嘴："都是你逼我的，我在这件事上浪费了太多时间。"

其实，唯一正确的做法是，家长要放弃那种所谓的无条件支持，向子女说清其中的风险。然后，子女为了说服家长，需要成功地做到既保持良好的学习成绩，又坚持自己的兴趣爱好。只有这样，家长继续投入资源才是合适的。

很多时候，领导给你"脏活""累活"，就为了测试你的觉悟，你可以理解为这是对你的试炼。

结果，很多人在试炼里感受到自己似乎正在被不公正对待，开始抱怨领导，从而让自己站到了领导的对立面。

而那些平时和你一样抱怨领导的"好战友"，会发现你是一个非常合适的接盘侠。于是在某种潜移默化中，大家最不愿意干的工作，自然就到了你头上。

我见过太多因为做"脏活""累活"站到领导对立面而自毁前途的人，而实际上，他们都是一些非常有潜力的人。

事实上，真正能让你升职加薪的策略，其实还是老实。

但你千万不能自己标榜老实，你需要让别人评价你老实。

如果你得到"聪明"的评价，你会很容易遭人嫉妒，引来别人破坏你的工作。如果你得到"厉害"的评价，别人对你的期望就会很高，这样你也很容易让人失望。如果你得到的是"老实"这个评价，那么你哪怕工作没做好，也有某种努力的痕迹，这会赋予你更大的职责，所谓大巧若拙，就是这个意思。

大智若愚和真愚蠢的关键区别就在于，你是专注于做事，还是专注于别人怎么看你。

　　　　　人生支点越多　　内核越稳

为什么一味地迎合别人，会毁了你的一生：

别让"他人认可"成为唯一支点

○ 放弃思考，迎合别人无益

不能一味地迎合别人，但也不能毫无道理地反抗他人。

人际关系通常极为复杂，相比之下，一切数学统计算法都显得像是初级运算。

需要注意的是，最好别用"迎合"一词，因为该词意味着为了讨好他人而放弃自己的立场。

其实，放弃自己原有的部分立场并非不可。我自己每天都在不断放弃一些曾经坚持的东西，而且我感觉这个习惯可能会伴随我一生。

然而，若是出于"为了讨好别人"这样的动机，往往会导致被抛弃的结果，不仅会被朋友抛弃，更会被现实所抛弃。如果这里的"别人"指的是除你之外的所有人，那你几乎不可能做到让所有人满意。当然，若你真有这样的能力，那你将拥有巨大的能量。

例如，如果你能洞悉网络游戏成瘾者的成瘾原因，并发明一套有效的解决方法去帮助他们，那么你将赢得整个社会的赞誉。

再比如，如果你了解某个地区人群近期的电器消费情况，找到他们的特定需求并据此设计出一款产品，那你就能赚得盆满钵满。

但话说回来，即便你真的具备这样的能力，以你的敏锐和成熟，也会看淡名利。实际上，当你牺牲自己的利益、放弃自己的立场去讨好别人时，你所满足的并非除你之外的所有人，而只是你身边某个信息相对封闭群体中的部分人，这必然会导致你的利益受损，甚至成长停滞。

因为你的做法是放弃自主选择命运的机会，放弃自主思考，以此来换取周围群体的认可，并且你还认为这种认可能够给你带来安全感。

然而，这种做法存在问题，主要在于你误解了两件事。

首先，放弃自己的思考并不能换来周围群体的认可。因为"周围的人"这一概念本身就是不确定的。在网络时代，谁能算是你周围的人呢？除了亲人这种与你有着天然的长期往来关系的人，像同学、老师、同事、闺密，他们能整日围绕在你身旁吗？

过去人类重视人际关系，是因为当时的社会是"社群社会"。在那种社会环境下，一个人的社会地位在很大程度上依赖于所在社区的评价。毕竟在过去，一个人的生活几乎固定在某个地方，几十年都难得有几次外出的机会，对于小城市的人来说，大城市更是近乎传说般的存在。所以，同在一个社群里的人对他的评价就显得至关重要，毕竟同学、老师、闺密等可能会和他相伴数十年。

人生支点越多　　内核越稳

然而，如今的社会已经变得开放且充满流动性了。你仔细想想，在大学四年都没说过话的同学，毕业后彼此再无联系也已成为常态。难道你进一家新公司时，领导首先关注的会是你出生地开具的推荐信，而不是你的简历吗？时代已经改变了，甚至都用不了三五年，那些在你身边给你点赞的、让你念念不忘的，又或者是对你恨得咬牙切齿的人，都会逐渐消失在你的生活中。

所以，你去讨好周围的人，这注定是一种在长期博弈中毫无效果甚至还会削弱自身影响力的错误行为。

○ 关系的可持续性是关键

其次，进行短期博弈同样也是错误的。

真正能够对自身命运产生影响的，往往是那些部分拥有对你的增益权和加害权的人。无差别地去讨好他人本身就是不现实的，难道你还能施展多重影分身术去迎合周围人各种各样不同的需求吗？

你自认为情商过人、可以两头讨好，可实际上，在那些对你而言至关重要的贵人或者恋人眼中，这种行为就是不折不扣的背叛。

比如，小 A 一直喜欢女孩井野。因为小 A 诚实且乐于帮助人，井野对小 A 也有好感。

然而，小 A 还有个竞争对手小 B。小 B 向井野展开了热烈的爱情告白，只是小 B 名声欠佳，还伴有一系列不尊重女孩的行为，于是井野对小 B 采取了回避态度。

之后，小 B 常常来找小 A，企图打友情牌来探听井野的行踪。有一回，小 B 在某个地方 "偶遇" 了井野，当场就质问井野为何不回他信息，并且丝毫没有为小 A 保守秘密，瞬间就把情报来源泄露了出去。

没过多久，井野也和小 A 疏远了。

小 A 跑来向我求助，让我帮忙出主意。听完这桩令人无奈的事情后，我问小 A："女孩井野和小 B，究竟谁对你更为重要？"

小 A 回答我，小 B 经常帮他，还请他吃饭，他迫于情谊帮了小 B。小 A 认为主要怪小 B，明明已经答应了不会出卖他，结果说漏了嘴。"没办法，我也是不想得罪人。"

我认真告诉小 A，小 B 请他吃饭也许不是基于友情，不打听女孩情报时，小 B 可能根本不会联系他。小 B 也可能不是说漏嘴，小 B 自己得不到女孩欢心，也不希望他得到。

他的恋爱机会可能就因为这种摇摆不定而葬送了，女孩对他疏远是一个正确的选择。因为他拎不清，接纳他为同伴甚至恋人，都是在给自己制造巨大的风险。

并且，他这个举动在所有旁观者看来都是极其愚蠢的，因为一顿饭，他就可以出卖心上人的情报，谁敢接纳他加入核心团队？

所以，"无差别迎合别人"这种策略，暴露了人际关系的幼稚和面对人际矛盾的无能，自然也暴露了你这个人不可被信任，是拿自己的前途和幸福开玩笑。

唯一的好处就是，你似乎两边都没有得罪。

这其实是一个实打实的幻觉。

那么人际关系的迎合和远离应该基于什么样的原则呢？

做自己还是减少矛盾？基于利益还是基于情感？都不是，而是基于关系的可持续性。

任何破坏关系的可持续性的举动，无论表面上看起来多能拉近关系，都不要去做。

人生支点越多　内核越稳

比如，小 A 泄露女孩行踪给女孩讨厌的追求者，这就严重破坏了和女孩关系的可持续性。小 A 也无法持续自己和小 B 的友谊，因为在那件事情上小 B 只是利用他，压根不想和他建立友谊。

再比如，有亲戚到你所在的城市旅游，希望你接待一周。你是否答应接待，并非取决于你与这位亲戚的关系亲疏，抑或对方的人品优劣，而是取决于你是否拥有充足的时间与精力，去应对今后所有亲戚提出的此类要求。

倘若你没有这样的时间与精力，不妨予以拒绝。我的建议是介绍几个本地的景点，约个时间和亲戚吃顿饭，足矣。

马克·吐温说："每当你发现自己总是站在大多数人这一边时，就该停下来反思一下了。"

不是说你应永不走寻常路，关键问题就在于这个"每当"。

这不是忍耐，只是一种单纯的懦弱和懒惰。

一直"自卑"着，其实挺好：

让"自我觉察"成为"成长支点"

○ 自卑是一件好事

有个读者给我留言：

"喵大师您好。我在工作方面深感焦虑。我总觉得自己能力不足，与他人相比处处逊色，内心满是自卑。我渴望提升自己，却又茫然不知从何入手，极度缺乏自信，也未曾付诸实际行动去改变现状。我该怎么办呢？"

其实，自卑是一件好事。

按照我的"弱者的战略"，当一个弱者，随时随地都感觉到自己哪里都不如别人，内心很自卑，其实是通往王者之路。

自卑能让你受教，帮助你达到真正的强大。

刚来日本留学的时候，我多少有点狂妄，毕竟我从零基础开始学习日语，仅用一年时间便顺利通过了 N1 考试①。听闻在日语专业实力最强的师范大学，大三学生的 N1 通过率也仅为 50%。

并且，我还有很多日本朋友，大家会陪我过生日，给我买礼物，带我去敬老院献爱心。

然而，我始终存在一个困扰，当我用日语阐述自己的研究内容时，大家都难以理解。在相当长的一段时间里，我颇为傲慢，自认为是由于自身研究能力出众，才致使那些较为保守的论文审稿人无法领会，还天真地以为只要投稿英文论文就能够解决问题。

这种傲慢，让我丢失了很多发表的机会，丧失了很多学术资源。

直至某一天，我留意到了 A 博士的研究成果发表情况。A 博士来自另一所学校，是学术界的一颗新星，斩获了各类青年人才的头衔。在研读他的研究内容后，我察觉到他在统计方法、哲学理论以及心理咨询临床经验方面或许并非十分精通。

不过，他能够操一口流利的日语进行学术交流，并且提出极具趣味的交叉学科学术创意。也正因如此，众多学术大佬都对他颇为赏识与青睐。

这一刻，我深刻地意识到了自身的傲慢，于是我向 A 博士虚心求教。

我这才知晓，他那流利的学术表达源自多次的练习。此外，他的 PPT 动画制作技术十分精湛，能够在一定程度上弥补语言方面的不足。

他虽然日语并未考过 N1，但考试成绩与实际表达能力并不能

① 日本语能力测试，从 N5 到 N1 共 5 级，N1 为最高等级。——编注

画等号。我一直将 "零基础一年考过 N1" 当作荣耀的象征而沾沾自喜，却忽略了实际口语表达能力的训练。平常与日本朋友交流时，他们能理解我，有一半是靠猜测，然而学术大佬不会耗费精力去揣测我的表达意图，而我恰恰就栽在了这一点上。

所以，你想成功，不是要克服自卑，而是要克服自负。

○ 不需要超越自卑

自卑可以让你避免为和别人争夺一些无意义的东西，虚掷你人生宝贵的资源。

在一次同学聚会上，我曾经的舍友 A 当着众人的面询问我是否喜欢看《火影忍者》。我给予了肯定的答复，并表示是 A 同学带我入的坑。

A 同学接着对大家说，当时不光我和他热衷于《火影忍者》，还有一位女生 B 也很喜欢，还问我是否还有印象。

我思索片刻后，记起了女生 B，便回应说确实有这么回事。

这时，A 同学可能想在大家面前炫耀一下，毕竟似乎感觉我混得比较好，他想打压下我的嚣张气焰。

A 同学说："后来女生 B 跟我告白了，她说你以前也喜欢她。"

我回忆了一下，好像是的。当时有几个人怂恿我去追女生 B，我也确实表达了好感，但是被拒了。后面发现她和 A 有段时间很亲密，我还难过了一阵子呢。

在场的几个同学，似乎想起了这段往事，有人想出来缓解下气氛，感觉我可能会生气。

人生支点越多　内核越稳

我没有生气，我觉得有这段回忆挺好的。我对 A 同学说："是啊，那时女生 B 特别喜欢小樱[①]，我也觉得她有几分小樱的豪气，你确实比我帅，你知道她现在在在干什么吗？"

我没有任何嘲讽、任何反击，A 同学当时确实比我帅，不过他们俩没有在一起过。

聚会后，A 同学向我表示了抱歉。我再次看向他，现在的他与当年记忆里的帅气相去甚远，希望这段回忆能给他一点慰藉吧。

所以不需要去超越自卑，无论自卑的过去，还是自信的现在，这都是你人生的一部分，不是吗？

自卑，是成长最原始的动力。

○ 自卑能让我们不断去实现目标

真正让你饱受折磨的并非自卑本身。自卑原本应当促使你汲取教训、助力你成长，可你却执意否定它，将本应用于成长的资源，耗费在压抑痛苦之上。

于是便产生了读者所面临的实际问题："渴望提升自己，却又茫然不知从何入手，极度缺乏自信，也未曾付诸实际行动去改变现状。"

关于如何提升，这涉及极为庞大复杂的方法论体系。我提议你仔细阅读我的答案，相信会有所斩获。

我今日着重阐明很多人存在的一个观念性误区，也正是这个误区致使你缺乏实际行动。因为你秉持着"我必须先拥有自信，

---

① 《火影忍者》中的女性角色，原名春野樱。——编注

才能够付诸行动"这样的想法。

问题就在这里，你没有行动过，没有成功过，你又如何有自信呢？

有些人靠的是一些"我也可以""你真棒""世上无难事，只怕有心人"之类的"鸡血"在维持着行动。但这类行动，很快就会被现实打脸。

现实规则是，不管你有多聪明，可能永远都无法第一时间就知道正确答案，你必须通过多次失败以总结经验。而"多次失败"会彻底否定掉"鸡血"和"鸡汤"。

于是你会陷入"我到底行不行"的自我困扰，在自我攻击和自我慰藉中，在反复发作的混吃等死和间歇性的踌躇满志中，浪费你宝贵的青春。

现在，我直接告诉你正确答案：世间众人皆有弱点，没有人天生就能力非凡且永远如此。

我之所以坚持写作，是因为我期望能多帮助几个人，哪怕我的流量不如以往。我之所以每天搞实验、写代码算模型，就是因为害怕博士毕业后会找不到工作，毕竟我岁数过大。

能真正维持我们不断实现目标的，就是这个被我们称作自卑的东西啊。

人一旦满足就会停下，这不是懒惰，这是人类的本能，一种克制贪婪的机制。人处在没有自信能够守护好自己和身边之人这种难以消解的恐惧中，才会不断持续向前。

而你因为别人比你强就不想做了，这不是自卑，这是单纯的逃避。你不就是因为不想做，才宣布自己不行吗？

可是，一旦你有必须守护的人，这种逃避就会立马失效。

人生支点越多　内核越稳

很多事情你可能是行的，这不是自信，这单纯是一种谦卑，对这个世界无限可能的谦卑。

自信有两种：

一种是"他信支点"，一种是"内核支点"

○ **远离不健康的自信**

我曾经写过一篇文章，大致意思是告诉大家，不要嫌弃自卑，因为自卑是一种优秀的生存策略，它能帮助你保持学习态度、持续成长。而很多时候所谓的自信，实际上是一种傲慢，基于未知的领域，你需要保持谦卑。

一个读者对我说：

"老师，您说的不是真正的自卑吧？只是踏实低调。您那位朋友也不是真正的自信，而是自信过头的傲慢。如果我给自信定义，是自我确信，是来自自我的认可，而非外在的肯定与评价。如果这样，人生还是需要自信的。对于一个还没有入世、还没有建立完整的自我评价体系的小朋友来说，没看明白的话，他可能会误解。"

我很喜欢我的读者，他们总是能认真思考文章的内容，并且能进行一些质疑，这能帮助我更好地理清思路，更好地帮助大家理解。

这位读者发现了一个关键问题，"自信"这个概念被加入了太多的东西，很多人很难理解到底什么样的自信是自己需要的。

现在我解释给大家。

大多数人所拥有的不健康的自信，源自他们与外界其他人相互比较后，察觉到自身具备某种显著的优势，由此便沾沾自喜，认为自己无论如何都不会被社会淘汰。

这种"优势在我"的狂妄心理，在历史进程中已多次被证实不会有好的结局，然而人类却依旧屡屡重蹈覆辙，难以避免地再三犯下此类错误。

比如，家长总是喜欢强调"弱者会被欺负"，期待给子女带来一点学习动机，他们不知道，那点虚假的动机很快就消失了，却给子女的心理健康埋下隐患。

这种不健康的自信，是有前提的。

需要构建起一套评价体系，依据某方面的表现予以评分，从而区分出青铜、白银、最强王者等不同层级。若想让自身拥有自信，必然会选取自身的一个高分领域，可以是外貌颜值、学业成绩、家庭出身等方面。如此一来，自己便处于"比上不足，比下有余"的状态，自信也就能持续产生了。

但令人遗憾的是，这种所谓的"自信"往往只会招致绝望。毕竟你并非神明，无法做到全知全能，所以你所构建起来的这套评价体系肯定是缺乏客观性的。随着时间的流逝，你会发觉它荒谬得令人发笑。

自然而然地，依据这个评价体系所得出的"我很强"的结论，必定会沦为一个笑柄。

因此，对于那些喜欢轻视他人的人，我希望你不要因他们的话语而耿耿于怀，反倒应该怜悯他们那必然的命运，即未来终有一天，他们将会被自己所构建的虚幻击垮的命运。

○ 要自信，不要他信

真正富有意义的自信，并非源于外界的因素，而是源自你对一件事情的完成程度，取决于你在这件事情上究竟投入了多少精力与心血。

就拿我写论文来说，如今论文被权威杂志接收的概率相较于以往有了大幅提升。不是因为我有充足的研究资金和团队，也不是因为我比别人更有研究天赋，更不是因为我比年轻人更加精力充沛。如果我的自信建立在上述内容上，那这种自信必然是病态的。

我之所以有这样的成果，是因为我苦练了论文的排版和格式调整。曾经，各大英文杂志是有专门的编辑来处理这种投稿论文的格式的，但是各大杂志的格式往往不一样，其中很重要的原因就是为了避免一稿多投。许多学者不是很在意这个，甚至会出钱给机构的人进行修改。但近几年投稿数增多了，编辑已经很难应对这项工作了。

于是，我在投稿之前，总要花一天时间，阅读那个杂志的格式要求，然后把整篇论文的格式，非常细致地调整一遍。

原本我不擅长这样细致的工作，毕竟我写文章时经常有错字。但这个举动，让杂志社编辑不需要花时间调整我的论文格式，这使得我的论文有更大的可能，被送给外面的专家评审。哪怕论文最后没有被杂志采用，我这个举动都能赢得更多的专家指导。

所以，一个人更加健康的自信，应该基于自己对现有能力的精确评估。

当然，不仅仅是修改格式，研究问题的提出、研究方法的选用、研究人数的确定，都要有严肃的考虑，而且这些考虑要经得起事实的检验。

这样水平的论文发表出去就一定有杂志接收，唯一不确定的就是杂志的影响因子高低而已。

同样，只要我有这样的踏实，我就一定有一份工作。不一样的，无非就是工作单位的好坏，无非就是工资的多少。我不在乎外界的评价，我只在乎我最后的产品能不能对这个社会有益。

如此就足够了，你不需要"有面子"，不需要"比别人强"，不需要"自豪"，你就绝对能在这个社会上活着。

"至于我活得好不好，完全取决于我做这件事是否快乐。"有个读者的评论是这么说的。

在他人所设定的标准里获取成功，将其称为他信或许更为恰当。自信，乃是以自我的标准作为坐标核心构建而成的体系，这个核心可由我随心而定，比如今日打嗝声音较为响亮，我便觉心满意足；明日嗅闻花香，亦能深感愉悦，就这样随性自在、悠然自得地生活。

"搭子社交"流行背后：
用"轻关系"补充"社交支点"

○ **无论世界怎么变，我们都需要朋友**

在知乎上有这么一个问题：为什么会出现"搭子"这种社交模式，"搭子社交"的本质是什么？

题目描述是这样的：如何看待"搭子"社交？席瑞认为，各式各样的搭子出现，其背后折射出了职人碎片化的社交需求。在社会环境变化下，人的生活节奏已经被切割成了碎片，只能在其中拼凑出碎片化的社交和碎片化的自我。李雪琴也觉得搭子好像就是一片一片拼起来的……

其实，搭子文化兴起是有原因的。

现代社会的高速发展，使得基本生活需要的满足已经不需要熟人之间帮忙了。

比如你想吃东西，完全可以点外卖，不需要和食堂大妈见面。

你想玩游戏，完全可以使用手机，不需要和邻居小孩处好关系。

你想买东西，只要打开网站就可以，不需要和店里的销售员沟通拉扯。

确实，在我们这个时代，来自社会的压力大大地减小了。

你可以在自己的小天地里，做一个自由自在的人，不用在乎周围人的眼光，因为要不了几年，这些关系都会变弱。但是，这并不能说明，我们不需要亲密关系了。

有一个朋友发了一张动漫图片给我，我第一眼看到时，完全不知道这是谁。

留学之后，我变得不愿接触任何不基于现实的事物。虽说我在日本留学，但我个人对动漫和二次元秉持抵制态度，我觉得那如同一种精神毒品。

这时朋友说道："愚啊，这可是你大学时最喜欢的动漫角色啊。"

好久没人这么叫我了，我都习惯别人叫我大师或者周桑了。接着我想起来，大学的时候我确实特别喜欢这部动漫——《死神》。

而这部动漫直到最近才更新最新的一季。有那么一瞬间，我很感动朋友还记得我的爱好。于是，那几天论文投稿被拒的痛苦突然一扫而光了。

这就是我们人类的本质啊，我们人类就是靠与别人联结来获得生存价值的啊！

倘若这个社会中的所有事务均无须建立深层次关联，仅依靠陌生人提供的服务就能运转，那么这个社会将会愈发脆弱，呈现日益严重的原子化特征，孤独死和少子化现象也会不断增多，进而逐渐趋向于不稳定的状态。

没错，这就是现代社会的真实写照。

所以说，对孤独的惧怕以及对友情的依赖，或许是人类在进化历程中所形成的结果，并非能够随意更改或摒弃的事物。

○ "搭子"改变不了社交关系

这个世界上最劳心的事情，不是高等数学，而是人际关系。

分配利益、消除冲突、促进合作、激发智慧，都是非常费神的事，这里面的计算量，是极其庞大的。

换句话说，你能够在最大程度上推动身边之人展开合作、化解对立，并最大程度地创造价值，就决定了你会成为某个群体命中注定的领袖。

社会的运行规则便是如此设定的，当这种能力达到极致时，便成就了王者的风范与地位。

人类之间的亲密关系确实是潜力巨大的，但它有一个非常麻烦的问题。想要一段亲密关系产出价值，是需要这段亲密关系非常稳固才行的。

亲密关系中的双方需要战胜困难，成功应对某种难题的挑战，才能够有特定的收益。就如同骑士、法师、牧师携手组队，唯有打倒恶龙，才可以获取恶龙的财宝。

然而在最初组队之际，牧师就反感法师运用黑魔法，法师厌恶骑士的死板固执，而骑士则嫌弃另外两人走几步就喊累的柔弱表现。

人生支点越多　　内核越稳

确实，与在组队期间被同伴背后偷袭，进而不得不直面一个全副武装、实力强大的英雄相比，独自一人在新手村对付等级较低的哥布林，似乎是更好的选择，毕竟这样的状况还能够应对自如。但在新手村待的时间长了，难免会心生厌倦，于是那些头脑灵活的人便想出了应对之策。

"要不我们别当长期队友了，做一组临时搭档吧。我们也不用前往恶龙的巢穴，只要翻过那座山，稍微收拾一下前面的野猪就行，这样收获的报酬能多一些，不是吗？"

于是，许多冒险者赞同这个想法，他们发明了"冒险搭子"，以为这种弱关系就不用面对背叛，就不用理解与被理解、不用道歉与接受道歉、不用学着爱与被爱了。

他们以为这样做是安全的。

结果，翻过山去，看到野猪的獠牙时，一群在亲密关系上是新手的家伙，第一个想到的就是：抛下队友，反正我们只是搭子。

在出现了无数的惨剧之后，冒险者们还是不愿意学习爱的魔法，冒险者公会的门口贴满了告示："寻找靠谱的冒险搭子。"

这时，有一小部分勇者洞悉了这个机制，他们经过深度的自我磨炼，能够理解骑士坚守的信条、法师内心的骄傲、牧师秉持的虔诚以及刺客惯用的狡诈。于是，他们将原本应分配给大众的资源据为己有，在通往财富的道路上，愿意追随他们的队友接连不断，纷至沓来。

那这些勇士靠什么才能忍受住亲密关系开始时必然出现的痛苦呢？

没错，靠的是孤独的痛苦。

因为孤独的痛苦实在是大于被人伤害的痛苦，于是这些人打算试着学习，如何才能降低被人伤害的痛苦。

在人类的历史长河里，确实有那种独处起来更加怡然自得的人，比起孤独的可怕，他们更无法忍受与人相处。

但一个令人遗憾的事实就是，这样的人多半是不结婚的，因此现代社会的我们更大概率是无法忍受孤独的那种人的后人。

所以，爱和被爱，是你无法逃避、必须学习的课程，你别想用"搭子"这种浅关系糊弄过去。

人生支点越多　内核越稳

第

2

章

内耗拆解

拆除无效支点，

重构能量支撑

别担心，你永远都来得及：
给 "年龄焦虑" 换个 "成长支点"

○ 重新认识自己

知乎热搜上突然有了这么一个问题：

"中年妈妈失业后'瞒着亲人在星巴克假装上班'，如何看待中年人失业的现状？"

问题描述是这样的：

三十五岁突然失业，九九瞒着父母、公婆和女儿，每天去星巴克假装上班。失业的日子，内心像是在踩跷跷板，有时因为有了难得属于自己的时间而快乐，有时又被焦虑追着跑。中年人的生活总是不易，那些内心的崩溃、挣扎、纠结很难向人诉说。但在这里，她可以跟陌生网友分享这一切，也开始重新认识自己。

在这个问题下，有很多答主分享了自己的暖心经历，希望能安慰到这样的人。

不过，解决了问题的答主，很多时候有外部资源，有身边人的理解，有自己原本的人脉和经历。而大多数遇到这个问题的人往往没有这样的运气。

解决这一问题的答案已然在问题描述里有所呈现：开始重新认识自己。

此句恰恰是解决问题的核心所在，并非空洞的心灵鸡汤，只是需要将"认识自己"这一概念进一步细化。

你必须意识到，不应再延续原本的生活模式。

因童年经历以及家长无意识的教育引导，当代人滋生了几种错误思维。而这几种错误思维恰恰借由 35 岁失业这一契机集中呈现，诸如去星巴克佯装上班之类的行为，不过是这些错误思维的后续衍生表现罢了。

首先是面子思维。

"三十五岁突然失业，九九瞒着父母、公婆和女儿，每天去星巴克假装上班。"

即便遇到了重大的挫折，很多人第一想到的是：不要让家里的人担心。

这个理由看似很暖心，但其实是充满了傲慢的。你默认所有关心你的人，都不会体谅你的困难，会因为你的变故选择疏远你或者直接崩溃？

你把人想象得太弱了，如果一个家庭完全没有抗风险能力，那么我们组成一个家庭的意义是什么？

我们是不是太过深陷于应试教育的思维定式了？似乎成为家

庭和单位里毫无情感的工作、学习机器，便是我们存在的唯一价值与意义所在。

问题描述中"有时因为有了难得属于自己的时间而快乐，有时又被焦虑追着跑"，就是这个"无情感的工作、学习机器"的真实写照。

因为一直以来，你都被外界用一种社会规训的方式，逼着做"必须做的事情"，这导致你没有时间精力在更重要的地方投入严肃的思考资源，从而形成核心竞争力。

你每天能听到很多这样的声音。

"你看别人家的 ××，30 岁都已经当上了大学老师，外表看上去又很年轻，而你连个博士学位都没有？"

"兄弟，这个岁数就得潇洒，再不疯狂我们就老了！"

"25 岁，连个女朋友都带不回来，别人家的 ×× 都已经生二胎了！"

我们就是这样在满足周围人的期望中，一步步逐渐走过来的。

我们没有认真去思考这些事对我们的意义在哪里，我们只是不想让别人失望，因为别人都觉得这是正确的。

而后，我们"疯狂过了""成婚了""二胎也生了"，却突然惊觉这些事情远没有旁人所宣扬的那般高尚、那般充满意义，仿佛不做就会被社会所摒弃之类的。

"就这？"

你的大脑中满是问号，于是你只会得到这个结果：

"中年人的生活总是不易，那些内心的崩溃、挣扎、纠结很难向人诉说。"

○ 中年人更容易成功

"中年人的生活总是不易",这种说法正确吗?

是正确的,但更为准确的表述应该是:"没有人的生活是容易的。"

这话听起来会让人感到绝望吗?实则不然。

实际上,在你的整个人生历程中,无论处于何种时期、何种地位、何种身份,都无法彻底避开痛苦。

你若幻想经过一段时间的拼搏与忍耐后,便能告别辛劳、不再担忧、远离焦虑,那是绝无可能之事。

刻意回避痛苦,只会导致对痛苦的感知变得愈发迟钝。

当成年人因失业而痛苦万分时,许多年轻人却会因游戏停服而陷入痛苦之中。

即便你转换为一种更为高贵的身份,也依然无法避开痛苦,只不过痛苦会以别样的形式呈现在你面前。

就拿我身边的"富二代"朋友们来说,他们中的许多人都因难以企及父亲的成就而深感痛苦,也会由于总有若干女生能洞悉他们内心的荒芜,对他们的财富并不感兴趣而苦恼不堪。

而唯一正确的应对之策便是,学会承认错误。

可惜"中年人的生活总是不易"这种"年龄衰退论",背后的逻辑是一种绝望,即"既然我的力量衰退了,那我应该更没有方法解决困难了吧"。

其实,中年人并非没有优势。

30~40 岁的阶段,是流体智力没有太大消退,而晶体智力却在逐渐升高的阶段，这个时候，你有足够的体力和资源去面对一些问题。相对那些体力比你强，但是缺乏社会经验和金钱的年轻人来说，这些问题你更有希望解决。

你的前半生都挺过来了，已经有如此多战斗经验的你，后半生同样条件下，会做得更好。

无须为年龄而焦虑不安。有句话说："很多人 25 岁就已停止成长，只是到 75 岁才被埋葬。" 此语确实颇有道理。

即便命运对你施以沉重打击，实际上你也只需重新审视自我。

摒弃"年龄焦虑论""必须去做之事的固有观念""黑暗世界的片面认知""提高一分就能打败万人的功利想法"，如此一来，你便能在未来的现实生活中奋勇前行，冲破重重阻碍。

所以知乎上这位提问者在星巴克这段时间，不妨想一想自己有没有什么技能可以拿出手，然后专注把这个技能磨炼一下。不需要继续假装上班，不要把时间虚掷在一些需要撑起面子的事情上。

去做，去行动，去改变。

你该认同的东西，是一个你自己实践后能给自己带来具体收益的东西，而不是一个大家都觉得应该如此的东西。

人生支点越多　　内核越稳

对任何人好，都不是一场交易：

让 "善意付出" 成为独立支点

○ 是 "对他好" 还是 "对自己好"

在我的咨询生涯里，有这样一个问题出现的频率很高："我明明为了他都××××，他怎么能×××××？"

在家庭关系里就是："我为了养活他、供他读书，砸锅卖铁，周末不休息熬出了一身病，他怎么才考这点成绩出来？"

在感情里是下面这样的：

我的朋友小林追求女生奈奈，在学校里尽人皆知。为了离奈奈近一点，他搬到了奈奈租的房子楼下，全然不顾奈奈的反对，而且地方还离他的研究室很远。

奈奈在群里偶然提到自己很喜欢吃家乡的广味香肠，小林立刻就安排人从国内寄了一箱过来。奈奈自然是不肯收下，最后这箱香肠被我们几个朋友分着吃完了。

奈奈入学考试没通过，心情有些低落，小林马上动用自己的人脉联系了好几位导师，甚至还放出话来让奈奈从中挑选，可奈奈对那几个导师实在是不感兴趣。

后来奈奈找到了一份不错的兼职，巧的是小林认识兼职地方的前辈，便帮忙说了些好话。之后，小林还四处宣扬是他帮奈奈找到的这份兼职。

像这样的事情接二连三地发生，而且每次都是这样类似的套路，追求奈奈的人本来就多，如此一来，奈奈在学校里处境十分尴尬。

这种不顾别人需求的"对你好"，对任何人来说都是一种负担吧。

而小林自己也很受伤，无数次在聚会里说道：不要相信女人，因为真心都喂了狗。聚会时还有如下流言：奈奈无论是考试还是找兼职，都幸亏有小林的帮助，但她却不愿意和小林在一起，把小林当"舔狗"，当消耗品。

有时，我内心满是疑惑。喜欢一个人，对其关怀备至，这本该是件浪漫又美好的事，可到了奈奈与小林这里，却演变成了相互伤害的局面，这着实让我费解。

所幸的是，在这起事件当中的小林和奈奈都是我的朋友，所以我知晓事情的全部经过，也清楚双方各自的立场与想法，小林和奈奈都不是坏人。

我曾问过奈奈："小林人不错，经济条件也好，而且事事都为你着想，你为什么不愿和他在一起呢？"

奈奈回答："因为没感觉。"

　　　　　　　人生支点越多　内核越稳

我又问："是因为他长得不够帅吗？"

奈奈说："不是的，学长！在女生眼里，帅的确是个加分项，甚至可能是个很重要的加分项，但即便小林不帅，如果他能有点才华，不要对我逼得那么紧，能让我在相处时感到舒服自在、风趣幽默，情绪方面再成熟一点，别在我一不接受他的时候就怨天尤人，还四处找人倾诉，也不至于连最初的那点好感也被他消耗殆尽了。"

听到这些，我突然明白这场悲剧的根源所在了。根源就在于，小林对奈奈所有的好，都是以奈奈成为他的女朋友为前提的。

这根本不是"对奈奈好"，完全是"对自己好"。

而对于奈奈这样的美女来说，成为她的男朋友，"对她好"只是一个最基本的条件，有钱不是最大的加分项，博学、幽默、帅气、情绪成熟才是关键加分项。

因此，小林用"对她好"来交易一个恋人，这本身就不可能成功。

○ 不要把"对他人好"当成投资

实际上，传统观念中存在一个颇为怪异之处。

人们总是将"对他人好"视作一种投资，然后不断地夸大自己为他人所做的付出，并期待他人能给予价值极高的回报。

例如，很多家长常常强调自己砸锅卖铁、含辛茹苦地养育孩子多年。那么这种"对你好"，所索取的回报是什么呢？

是要求孩子在毫无资源、人脉和背景，且认知被局限于父母的思维框架之内的情况下，突破父母的认知局限，仅凭自身之力改变命运轨迹，进而带领父母步入上流社会？

且不说这几乎是不可能之事，而且孩子往往也记不住父母所谓的"对你好"。

这类父母不了解人际关系中的细微之处，不清楚职场斗争的复杂与残酷，唯一能做的就是逼迫孩子"学会做人"。

这类父母讲不清上学的重要性，难以阐明学历和成绩在改变命运过程中究竟能起到何种作用，就只能逼着孩子"好好学习"。

最终留在孩子记忆里的，只有父母的粗暴干涉、顽固思想以及毫不理解孩子的专横霸道。

这种记忆有时候会存在一辈子，孩子如果最终没有成功，那就更难理解父母的初衷了。

○ 我喜欢你这件事，与你无关

我一直都有一种想法：

我们为什么要把"对别人好"当作一种消耗、一种投资、一种算计，如果得不到回报，就立即封闭内心的交易呢？

如果对别人好了，别人没有回应足够的感情，关系就立马走向破裂，那么这段关系的主动权就完全操控在别人手里了，甚至自己的命运都拿捏在别人手上，这种感觉真的不好。

我以前当老师时，有一个很漂亮的女生在心理咨询室告诉我，她被自己的亲戚伤害过。

我欣赏她的顽强，欣赏她为了对抗心魔所做的努力。

她毕业后走上了自媒体道路，某天她告诉我，老板欺压她，克扣了她原本该得的收入。

她的老板是一位与我有过合作且能说得上话的朋友。听闻她的遭遇后，我当即决定为她出头。然而，有中间人提醒我，这么做或许能帮到她，可也会永远失去一个合作伙伴，而且这个女生大概率无法给我回报，这样做是不是太亏了？

其实不该这么去想，我选择帮助她并不是基于利益的考虑啊。她会感激我，这就够了，虽然这种感激没有实际意义，但我改变了一个学生的命运啊。

每次想起这件事，我都很骄傲。某一瞬间，我如同神一般强大，只需轻轻浇下水，一个美丽的东西就诞生了。

这种因助人而获得的心理满足感，其价值并不低于一个只能给予微薄利益的合作伙伴所带来的价值。即便面对的是能够提供更大利益的合作者，但若为了利益就轻易放任自己的熟人遭受欺凌，那岂不是意味着我的命运又将被他人所操控？我最讨厌这种感觉了。

告诉大家个秘密，真正强大的人，多少都有点"神经病"的。

所以，我压根儿不觉得自己吃亏。我感激这位学生赐予我这样的荣幸，使我恰好能够以绵薄之力帮助到她。

或许，"我喜欢你这件事，与你无关"并非幼稚的观念，与之相关的行为，也未必是单方面无意义的付出。当一个人能够从"对别人好"这一行为本身获得一定收获时，他的内心其实已经达到了足够成熟且强大的境界。

不过，那些单恋并且单方面当"舔狗"的人不要套用这个观念。你得扪心自问，假如别人不拿你当恋人，你亏不亏？

就我自身而言，当结识的人足够多，见识过各种各样的人性与行为后，往往会对他人抱持最低限度的期望。如此一来，在人际交往中，会少点失望和不满，多点惊喜和快乐。

很多人的一生，是被"问心无愧"四个字毁了的：

别让"道德绑架"压垮核心支点

○ **要做到什么程度，才算"问心无愧"呢**

在我的咨询生涯中，我常听到来访者说这样的话。

"周老师，我敢说我问心无愧！"

"我对他已经仁至义尽了！"

"我敢说，我所做的一切，没人能指责我！包括……"

比如竹田姑娘的经历是这样的。

首先，竹田的男朋友，在情感上非常迟钝，几乎无法给她提供情绪价值。

竹田和男友一起去看了新上映的电影《花束般的恋爱》，她非常想和男友讨论一下剧情，比如电影中的男女主角是否应该分手。

出了电影院，她说了一大堆观点，男友只回应了一句话："是这样啊！"

其次，她发现男友的面部表情越来越少了。

好像什么事对于他来说都不重要似的，整个人弥漫着一种诡异的淡定气息。每次和他聊天，话题总是难以深入展开，感觉没说几句就进行不下去了，让人摸不透他心里到底在想些什么。如果想和他一起做点什么，总有一种奇怪的固定顺序。

比如，晚上一起吃饭必须提前一天说，每天的某个时间必定会失联一会儿。和朋友聚会时，总喜欢躲在后面。如果是和新朋友认识，他会浑身不自在，尤其是这个朋友以前没提到过的话，他会生气，但那种生气是不太明显的。

刚恋爱的时候，男友并非如此。那时的他阳光、积极且充满活力。但是某天男友突然生了一场大病，之后就开始变得行为古怪。

竹田开始尝试包容、适应以及接纳男友。她自学了很多心理学知识，也向我请教过很多次。为了男友，她多次和男友父母沟通，希望能够矫正男友的原生家庭。

最后，这样的方法不仅无效，还惹得男友生气。但竹田并不愿意放弃。为了迁就男友的想法，她主动疏远了许多朋友，辞去了周末的兼职工作，仅仅是希望能多些时间陪在男友身边，而且她还逐渐学会了谨慎地遵循男友那些不成文的"规矩"。如此一来，她整个人都变得沉闷压抑，负面情绪缠身。

我不止一次察觉到这段关系是不合适的。

准确地说，恋人不能成为心理咨询师，也不应当试图治疗别人。一个人的改变，必须从他自己开始，我们帮助一个人只是让他能够更好地自助。

我们是通过融入一段关系去获得成长，不是为了维持一段关系而削弱自己，这是我的核心观点之一。

但竹田不同意我的观点，她认为男友非常可怜，她必须做到"仁至义尽"。即使是分手，她也不能落人话柄，她不能被人说成"背信弃义"，因此她必须得做到最好，做到"问心无愧"。

但这其中存在诸多问题。要做到什么程度才算是无愧，才能不被人指责？另外，这个评价的人到底是谁？

还有最重要的一点，竹田姑娘下这么大决心想要改变男友，显然是想长久发展乃至结婚的，但男友本人想改变吗？如果他不想改变，这样的做法岂不是反倒有愧于别人。

○ 人人生而平等，过你想过的生活

比如竹田，某种意义上，是把一个人的人生价值附加在另外一个人身上，这应该叫"人身附庸"。

另外，竹田这种无意义的"不落人话柄"的清白感还带来一个问题。

如果我们所有事情都必须做到"仁至义尽"，是否浪费了我们的"仁义"，是否应该把精力用在自己或者对我们有仁义的人身上？

竹田这类人存在一个共性问题，在他们的行事逻辑里，仿佛总有一个正义的裁决者存在，而且这个裁决者总是倾向于他人。一旦竹田试图反抗这个虚构的裁决者，就可能面临被裁断的境遇，而这种裁断的结果就是她会被认定为不清白。

不得不说，这种所谓的正义审判者毫无道德可言。毕竟道德的基本准则是人人平等，可这个审判者却似乎总是逼迫他人去过自己不想过的生活。

人人生而平等，你无须对谁心怀愧疚，你没有义务牺牲自己为别人付出，你的人生没有隐形审判者。

《非暴力沟通》里有这么一句话：一旦发现自己正在做无益的事情，我们的挑战是如何对需要和价值观保持清醒的认识，以使我们的转变：（1）符合我们的心愿；（2）出于对自己的尊重和爱护，而不是出于自我憎恨、内疚或羞愧。

另外，我还想说，假如你做一件事是基于自己的成长，那么无论你对这件事有多绝望，它都有可能实现。假如你做一件事是基于义务、愧疚或者补偿，那这件事往往难以达成预期成果，而且最后极有可能给你带来伤害。

能做到这一点，你便可以断绝无效社交：

用"价值筛选"加固"人际支点"

○ 亲密关系的互动，必然有损耗

在知乎热榜上，关于什么是无效社交的话题一度冲上热搜。

几乎所有的答主都在表达同一个观点：那些消耗你的，或者是付出大于收获的关系，都是无效社交，应该及早放弃。

但原谅我直说，如果你们依照这个观点去处理亲密关系的话，那大概率只会得到一个结论，那就是：天底下没有人是可以相处的。

因为亲密关系的互动，必然是有损耗的。

人不是神，不可能掌握一切信息，不可能对所有事情都驾轻就熟，更不可能对一个人无限付出。所以，这必然导致一个现象：我发自内心地对一个人好，付出了100分的功夫，而对方感受到的只有10分的付出，甚至更低。

如果你秉持着收获必须等同于付出的想法，便会觉得自己的付出太不值了，进而想要放弃这段关系，甚至产生责问对方、报复对方的念头。

然而，如果你能冷静地站在对方的角度去思考，就会明白对方其实并不亏欠你，甚至从某种程度上说，对方还处于更不利的境地。

最终，双方都无法说服彼此，矛盾全面爆发，两人沦为仇人。

曾经有一个男生喜欢女生小梨，还殷勤地打听到小梨最爱吃起司蛋糕。

尽管小梨也听闻了一些关于这个男生的传言，但鉴于自己也常受谣言困扰，便在心底打算相信他一次。于是，当男生约小梨单独吃饭时，小梨答应赴约了。

起初两人的交流还算融洽，可没过多久，小梨就察觉到男生目的不纯，总说些越界的话，像以后要一起在哪个城市生活之类的。

小梨不太开心，觉得两人还没到那一步。不过她性格温柔，即便男生频繁打扰，她也会小心翼翼地回复消息，努力维护男生的自尊心。哪怕男生多次表白，小梨也会斟酌一整晚来委婉拒绝。

有一天，男生再次约小梨吃饭，小梨不愿前往，便找借口说身体不舒服。谁料男生竟送药来了，小梨无奈之下只好收下。

到后来，那个曾信誓旦旦要对小梨好的男生，态度急转直下，变得凶巴巴的。先是指责小梨忘恩负义，逃避两人的感情，还埋怨她不接受自己的礼物，辜负了他的心意。最后一次表白被拒后，男生拉黑了小梨。

小梨不停地自责，怀疑是不是自己做错了。一位朋友告诉她："你确实错了，没有把握好分寸，一开始就不该单独赴约，给了对方错误的信号。"

然而在我看来，这却是小梨特别勇敢和可贵的一点。

○ 好关系，免除对方回应的所有义务

现代社会，很多男生女生不懂得正确的相处之道，很多人都在执行"我对你好，所以你也要对我好"的错误相处模式。

造成这套错误模式的根源之一就在于，很多年轻人很难理解"建立亲密关系必然有损耗"这个事实。

而且不知道为什么，这个时代很多人都有极强的匮乏感，使得他们一点一滴都不敢付出、不敢损耗，这让他们恐惧亲密关系。

人不可能完全彼此理解，不可能掌控一切随机因素，这使得人与人之间的互动不可能完全按照预期发展。

上文案例中，如果男生拥有足够建立亲密关系的能力，他就应该理解，在相互间缺乏信任的今天，一个高颜值女性愿意跟一个关系较浅的异性去吃饭，付出的就是 100 分。

如果男生理解这点，那么他可能心理感受就不止 10 分。他的主观感受可能只是：终于有识货的女生看上我了，这再正常不过了。

当男生每晚打扰小梨，说一些她完全不感兴趣的话题，因她回复冷淡而开始责备她时，他很难明白，对方为了保全这段关系，需要付出多少心理资源去压制反感，去寻找措辞以维护关系。

当"付出未获回报"的念头在脑海中闪现时，人便会因恐惧而陷入患得患失之境，进而要求对方增加付出，以平衡自己内心的感受。

关系的破裂往往就源于此。这种"付出必须等同于收获"的亲密关系准则，单单指向关系的瓦解。

而长久的朋友关系乃至恋人关系得以维系的关键之一就在于：免除对方回应的所有义务。

不管我做了什么，都是我心甘情愿的，对方没有回报我的义务。不管我在这个过程中遭遇了什么，对方也没有向我道歉的义务，因为这都是我主观选择的。

我给人送礼物，是因为重要节日想让对方开心一下。我选对了礼物，展现了心意，说明我开始掌握亲密关系技巧。我选错了礼物，对方基于礼貌还是感谢并原谅了我，我收获了一份信任。

我所做的一切都是为了我不孤独，没什么可怨的。

我并不需要对方在节日向我回礼，甚至建议对方不用回礼给我。如果我要靠资源交换去维持利益，那我必然会在力量衰弱时，被那些平日被我照顾的人抛弃。这是一种在危机时候非常靠不住的关系，说实话，我不需要。

但讽刺的是，我越不需要，我越有。

我之所以能不恐惧损失，是因为我是一个情绪稳定的人。你和我结交完全不需要恐惧因为和我关系恶化而遭到我的攻击，你可以放心投资我，至于投资多少是你的事。

如果我信错了人，出现了大面积损失，这也没关系，我把这个看作学费。之后我逐渐能精准识别什么样的人可以深交，为此我得到的更多。

一个非常深刻的教训就是，在人际关系中，"损失感"特别强的人一定不可以交。迟早有一天，他们会按照自己的公式，单方面宣布你违约了，之后要迫不及待地来惩戒你。

强买强卖，这就是典型的无效社交，乃至有害社交，并且结果是双输。

你的否定，我不相信：

给"自我认同"装上坚定支点

○ 你可以在乎别人的看法

林博士是日本某名牌大学学术互助会的领袖，科研成果卓越，深得校领导赏识和后辈信赖，设计作品曾经获过国际大奖，就这成果，直接让该校中国留学生的数量增加了不少。

但他最近遇到了非常棘手的事，有人说他作风不正，身边有很多女性，整天在外面乱搞。

他很苦恼，他这么对我说：

"我这么做是为了学术啊，为了进一步提高研究能力，我在美国的时候……"

"另外一方面，我也是为了改变留学生某些不好的印象啊，大家既然学习，就要拿出精神来啊！"

"我何必呢，我要是不费时间做这个事，我多发表几篇论文，我去多接几个项目不行？"

"×× 她自己就有种传闻，她凭什么来说我？"

"我根本不在乎他们的看法！"

林博士很生气，他说了一堆理由：为了人类进步啊，为了打破技术垄断啊，为了改变刻板印象啊——强调了自己的牺牲。

这些理由，每一个都真实，但是有一个问题：说给我听是没有用的。

我理解他所有的做法，知道谣言的荒诞性，知道谣言制造者的真实意图，而我也不可能去帮他澄清，因此这些话没必要跟我说。

而我更在意的是，林博士为了对抗这个谣言，花费了巨大的心力，组织了严密的逻辑去反驳，树立了绝对正确的旗帜，甚至打听了对方的情报。

这是不值得的。

其实，他组织学术互助会，只是为了帮助大家从而也让自己开心，这才是他最原始的目的。

他其实很在乎别人的看法。

《月亮与六便士》里有这么一段话："有人也说他们不在乎别人对自己的看法，但这多半是自欺欺人。一般而言，他们能够自行其是，是因为别人看不出他们的怪异想法……但是，想让别人认可，这或许是文明人最根深蒂固的本能。"

因此，在我看来，我们没必要佯装自己不在意他人的想法，而应坦然承认其实是在乎的。真正成熟的行为模式应当是，我们能够自主地去判断，在何种程度上接受对方的意见。

○ 你是绵羊还是狮子

那想要做到不在乎别人的想法，第一步是什么？

那就是需要区分你到底是绵羊还是狮子。

《冰与火之歌》里，有一句著名的台词："狮子才不会在意绵羊的想法。"

要注意的一点是，我理解的狮子和绵羊的区别，不是一强一弱的区别，而是保守主义战略者和激进主义战略者的区别。

人无论是保守主义者还是激进主义者，无论成功还是失败，只要坚持自己的路，内心是不会失衡的。

当代社会，一个人的一生，大部分时间是当绵羊的，这是为了积蓄力量和治疗伤痛。

然后在某些关键时刻，他必须当狮子，但是他这个念头出现时，身边的绵羊会劝他："何必呢，你哪有那个本事啊，不如就安心当绵羊吧！"

那一刻，如果这个人选择了听其他人的意见，退缩了，那么"害怕失败导致别人笑话"这种情形就会进一步强化。

如果你决定冒险一次，大脑会分泌多巴胺，它会帮助你更加有激情更加有行动力地去解决现实问题。

但多巴胺也不完全有益，它可能让你忽略当下的东西从而变得疯狂，天才和疯子只差一步就是这个道理。所以大脑会分泌另外一种东西来抑制多巴胺，也维持你这个人不要崩溃。

你总是在想要冒险时听取别人的保守意见，那渐渐地，多巴胺系统失灵，抑制系统就会极其强大。于是你变得"知足常乐"了，实话说，这不是一件好事。将来遇到麻烦时，多巴胺系统还是会

人生支点越多　内核越稳

挣扎，而那个时候这种挣扎已经战胜不了抑制系统。

于是你会怨恨，但你不会恨自己的抑制系统，你只会恨抑制系统的强化者，也就是当年给你保守建议的那个人。

在这里，我给大家一个意见：二三十岁的你，战败是一件比放弃要好得多的事。

○ 不要过分追求别人的欣赏和认同

第二步是什么？

你必须意识到一个真相。

公司也好，学校也好，有很多上位者在刻意制造"你并不是那么优秀"的舆论环境，目的是便于操控你。

这就像我以前解释的，为什么逐渐走下坡路的企业会突然猛抓纪律。因为他们已经无法做大蛋糕，只能靠更多的打压以维持单位的秩序。

比如，在一些领导者口中，你只要不是最累最苦的那个，就完全没有抱怨的资格。

诚然，来自单位上级或者老师的正面评价，应该是最让人满意的东西，因为它们能证实你的价值。但遗憾的是，很多时候，赞赏也好，羞辱也好，可能是不真实的，只是想操控你罢了。

所以大家会隐约发现，这些单位里最被欣赏的人的特征往往是：乖、听话、会做人、很懂事。但凡有这种倾向的评价，慎重听取他们的意见。

那么什么样的反馈需要更重视呢？首先是客观的反馈。

比如我花了四个月时间，减掉了 20 斤，并通过锻炼，彻底告别了脂肪肝和高血脂。之后有领导说我缺乏毅力，如果我能再无私奉献下，也许就有更好的机会了。看着领导大腹便便的样子，我判断他这话是没必要信的。

并且我清楚地知道，我做不到他们口中的那种优秀，追求他们的欣赏和认同，本质上是对自我的摧毁。

当然，完全依靠客观的评价也是不现实的，生活中很多事情都得依赖主观评价。

那怎么办呢？把你的能力拿到多个评价体系去展示，而不要只局限在一个单位里。比如，我的讲课视频在抖音上得到了上百万的点赞，我的课程也获得了全省一等奖。然而我在某些评价体系里也拿到过倒数第一。

那我该信哪个呢？

我没必要知道这个问题的答案。我离开那个让我排倒数第一的评价体系，就可以。

○ 真的没必要向别人证明自己

最后一点，大家没有必要向别人证明自己。

因为别人对你的改变真的没有那么关心，大部分的人在大部分的时间里注意力是有限的，他们只活在自己的世界里。

林博士在一些造他谣的人眼里，就是一个四处拈花惹草的闷骚男。不要去解释，因为这些人的世界就是这样的，他们不知道科研，不知道学术互助。他们的世界每天都在上演宫心斗，出轨背叛。大家要做的，就是不要互相打扰。

　　　　　　人生支点越多　　内核越稳

另外你也不要试图用成功去洗刷所谓的失败。失败也是有价值的，它证实了某些方法不可行，这是很宝贵的教训。

某件事的失败，并不是整个人的失败。要想不失败，只能不尝试，那才是最大的失败。

人随着年龄的增长会放弃一些不切实际的理想和自我，这叫"知天命"。

所以不管我身边的人有多么成功，不管谁把这些牛人抬出来和我比较，我都不太会动摇。为什么？

因为我对优秀的定义就是：我这周能把这篇文章写出来分享给大家。

再优秀点呢？明年我写完一本书。

什么二十岁年薪百万、发表几十篇论文，我暂时不考虑，都和我没关系。

当然，一个人的观点必然受限于他的视野和境界。

《身份的焦虑》一书如此写道，过多地关注他人的看法，尤其那些根本不会在我们葬礼上露面的人，会让我们把自己短暂一生中最美好的时光破坏殆尽。假如我们不能停止忧虑，我们将会用生命中大量的光阴为错误的东西而担心，这实在可惜。

如何不被负能量影响：

用"理性屏蔽"守护"情绪支点"

○ **负能量，是一种情绪贿赂**

有人邀请我回答这么一个问题：同事们负能量很重，影响我的工作心情，该如何应对并保持积极的工作态度？

首先请不要自责。一个有趣的事实是，你难以保持积极的工作态度，有时候不是因为外界的负能量，而是因为你想控制自己不被外界负能量影响。

换个说法就是，外界负能量，如果你接受被它影响，你的工作动力就会减轻；但你持续不断地想要排除这种影响，这会消耗非常多的意志力，会导致你工作效率大大降低。

你需要接受所谓的负能量，然后彻底地在认知上理解它，最后你会惊奇地发现，它对你的影响彻底消失了。

人之所以容易被负能量影响，是因为负能量其实是一种情绪贿赂，人在接受负能量时，也接受了某种隐蔽的好处。

这种好处就是：这果然不是我的错，也许我值得被同情。

电视剧里常常有这种情节。在某单位的大巴上，几位年轻女职员聊到自己的家庭，突然一群人就哭了起来。因为有一个女职员提到，自己原本才华横溢，都是因为养孩子耽误了自己，于是事业一蹶不振了。之后，几个人抱头痛哭，这件事成了全单位的笑话。

这是一种隐秘的心理手段，即夸大某样东西对自己人生的意义，然后加上自己之所以没有走向成功，全都是因为自己没有"这样东西"，继而得出一个结论：我是不幸的，所以我不是不努力，我完全是没办法。

这个东西，可以是性别特征，可以是年龄特征，可以是原生家庭，可以是童年创伤，可以是渣男渣女。当接受这种情绪贿赂时，人摆脱了自责，产生了放松感，于是很多人很喜欢这种负能量。

这种观点在网上广为流传，也都是利用了人性的这种弱点。然而，这种情绪贿赂有很强的副作用，那就是你很容易沾染绝望。

看到一大堆人似乎都和你有相同的经历，比如大家都是原生家庭的受害者，你一下子仿佛找到了同伴，你感到了某种支持。但同时，你也被传染了绝望：既然大家都逃不出这个悲剧，那我还能有什么办法。

事实是，没有人是完全幸运的。

你要的那种幸运，那种完美的原生家庭、贤者般的老师、偶像剧情节里的恋人、"热血番"里面的朋友，现实里没有人全都有。

不仅你没有，你认为有的人也没有；恺撒没有，拿破仑没有，德川家康没有。但遗憾的是，现在很多年轻人很迷恋这种丧文化。

因为一旦"丧"了，外界似乎就对自己温柔了。

这是个错觉，并不是外界对你温柔了，一旦你展示了某种脆弱，实际上除了你的亲人，其他人为了避免被你指责，只能敷衍性地同情你几句。

这种同情不仅不是真正的认可，还会在实质上拉远你们的关系。

也许你觉得自己突然轻松了，其实是外界原本打算交给你的业务转移了，自然业务所能得到的报酬也没有了。

并且，真正能改变你命运、手中握有资源的人，对沮丧是相当敏感的，可以说宁可错杀一千，不会录用一个，因为没有人愿意平白无故被拖累。

假如你对外喜欢展示脆弱，其实是在扼杀你的未来。

○ 不必同情总是散播负能量的人

一个人如果长期对你散播负能量，你完全不需要同情他。

有些人会说，我很善良，我不忍心这么做。

我想告诉你的是，你不需要产生自责，我之所以劝你，是因为在现实意义上，你同情他对他的帮助几乎是副作用。

首先，你的同情是很难持续的。假如你有一天表现出了不耐烦，他会觉得失去了一个重要的支持来源，那会给他造成很大的创伤。

假如你能坚持住，还有个问题。

你无节制地同情他，实际上是在帮他逃避对真正难题的思考。而上天给予他这个难题，并非全然是要为难他。若他渴望成长，就必然得解决此难题。

　　　　　　　人生支点越多　　内核越稳

所以，不光他不值得被过度同情，他自己也不该总是四处找人诉苦。

米兰·昆德拉在《不能承受的生命之轻》中有这样的句子："人一旦迷醉于自身的软弱，便会一味软弱下去，会在众人的目光下倒在街头，倒在地上，倒在比地面更低的地方。"

众生皆苦，生在帝王家可能不幸，生在寻常百姓家也可能不幸。解决问题的关键在于，打好你手上的牌，也可以说是将错就错。

若如此，你就不会被负能量影响了。你会刻意远离那些负能量的人，而他们也会发现你无法与他们共鸣，于是会去寻找其他的脆弱赞同者。

你应当对那些身处不利条件，却不抱怨、始终保持上进心的人致以最大的敬意。慢慢地，你周围会会聚许多这样的朋友，他们将成为你人生路上至关重要的助力。

成功之人的成功，往往并非因其才华出众或格外幸运，而是因为他们懂得坚持，知晓如何避免在无意识中沉沦下去。

太在乎别人评价，只因你忽视了这件事：

把"自我标准"设为核心支点

○ 别人对你的评价，不可避免带有偏见

有读者给我留言："我们之所以痛苦、抑郁，是陷入了对成功的偏执，一心期望成功后能获得父母及他人的认可与喜爱。其实人生即便没有成功，也能缓缓前行，只是有些迷茫，不知该将意识聚焦何处。"

你需要明白一件事：没有人能正确评价你。

我告诉你的这句话的意思，不是大众理解的"我的地盘我做主，只要自己开心就好"。

你自己也没法正确评价你，因为常人有的局限你全部都有，更何况，你会为了逃避痛苦，而本能地给自己过多的辩护，这使得你自己的评价更加不可信。

我的意思是，只要是一个人，他的观察力是有限的，他就不能掌握一切真理或者事实来给你做出绝对正确的评价。

你必须明白一件事，那就是每个人对别人的评价，不可避免地带有偏见。

这是因为人脑没有办法处理所有信息，不得不简化一定的评价过程，这是客观正常的现象。哪怕 AI 那种巨大的算力，也难以对复杂的人类做出正确的评价。

所以，你得清楚地知道一个事实：绝大多数人对你的评价是不可以完全信任的，无论是好评还是恶评。

一个人要对你做出恰当的、对你有指导意义的评价，他首先需要对客观世界的规律有深刻的认识，需要理解人类社会的复杂性。

有些事看似是问题却未得到解决，实则是因为其只是表象。例如，新人工资常不高，多数时候并非出于歧视，而是许多企业要筛选出那些即便薪资微薄也具工作热情的员工。尽管这确实不公平，但从不少企业现实运营的角度看，这却是他们眼中的最优选择。

所以，在你未邀请他人评价时，他人主动给予负面评价，这完全是一种傲慢无礼的行为。

对于你的情况，他人不可能知道得比你清楚，他人如何定义这件事一定会有预期的那种坏结果。

○ 认可你的人不会轻易评价你

在另一种情况下，我们是希望自己亲近的人，或者能影响我们命运的人能给我们好评的，比如老师或者父母。

但你要明白一点，这些人有本能的冲动要抑制自己给你好评。

当你做出成就时，他们扫你的兴，打击你，甚至搬出隔壁小强来否定你，你都不需要悲伤。因为你获得了一个来自他们的好评，最纯洁无瑕的那种哦！

他们之所以说这种话，是因为他们害怕你满意现有成绩，继而止步不前。作为比你有经验的老江湖，他们太知道，你目前的成绩只是万里长征第一步，距离能真正面对社会的挑战，你还差得太远。

当然，他们这种想法不完全对。首先，社会没有他们想象的那么残酷，你小时候有得小红花那点能力，长大了也完全足够在社会上生存。他们经历的那些苦难、那些挫折，很多时候是他们为了给自己附加独特性导致的。

其次，他们没有考虑到你是需要得意一会儿的。你要是不得意一会儿，你做出来的这些成就、你付出的这些努力，就失去了爽点。

快乐不是痛苦的敌人，快乐的本质是因为扛过了痛苦，继而产生的解脱感。

所以，在这个时候，你需要老师或者父母给你一些正面反馈，比如：

"这次你做得实在太棒了！"

"你简直是我们家的骄傲。"

"你是我教过的最棒的学生。"

然而，你这实则是在迫使他们言不由衷地说谎，而这绝不能称为真正的认可。这仅仅是缘于他们生怕扫了你的兴致，为了避

人生支点越多　内核越稳

免你的不满与攻击，于是他们共同采取敷衍的态度，对你说出了几句好话。

实际上，这恰恰是一种否定，是对你人格中脆弱之处的否定。坦率地讲，你根本无须在意他们的这类评价，因为他们如同你一般，对于许多事情都茫然不知，亦无法给出精准且有价值的评判或答案。

那你的锚点应该在哪里呢？

我以前玩游戏的时候需要和四个玩家组队开启钟楼。

第一个月我只能走一半，第二个月我能到达终点。第三个月我只需要三个队友，第四个月我都有胆量不使用药水。第五个月我就更狂了，我可以在以上条件全部满足的情况下，五分钟就速通副本。第六个月我觉得没意思，我换了个游戏研究。

你的锚点就在这里，你只需要把游戏换作现实里的某件事就行，因为有人能支付你报酬，完成整个游戏。

这时在开启钟楼这件事上，你是一个相当有效的评价者，你手握着其他人最需要的认可。

但你是不会轻易去评价别人的，因为你太知道你这一路是怎么走过来的了，也太知道你还没走到终点呢。

一个有趣的事实就是，真的能给你有意义的评价的人，其实不会评价你，他们只会邀请你加入队伍。所以，忘了评价这回事吧！

为什么容易精神内耗：

别让"社会时钟"成为唯一支点

○ **我们都受困于"社会时钟"**

我的朋友桥本最近在留学中陷入精神内耗。她多次问我："我是不是不适合做科研？"

其实她不是不适合科研，而是无法面对目前的人生难题。

假如有时光机的话，你可以问一问二十年后的自己，当下为什么会遇到那么多磨难。

我敢肯定，他会反问：曾经的我啊，你为何如此之幼稚？

小学时，班主任带领我们做了一个活动，把自己的愿望和烦恼写在一张纸上，放在箱子中埋进土里，之后在上面种上树。将来会有人打开箱子，把愿望寄给你，看看有没有实现。

我为什么还记得这件事，是因为真的有人给我寄来了。

我当时的梦想是，将来要成为大明星和对人类有贡献的科学家。我一下子就笑了，我当时就预料出有网红科学博主这种东西的存在了吗？

然后我看到我的烦恼，居然是想要买一辆装甲车带着全家去旅游，然后在世界洪水的那天，建造方舟拯救人类，但是小红不能上船，因为我们刚刚分手，除非她求我。

无聊打听了一下，熟悉的同学早没有小红的消息了，只听说她离婚了。

你别嫌弃上述内容可笑，假如二十年后的你再来看今天的你，也是这个效果。

归根结底，你之所以内耗的原因是：你把问题想得过于绝望了，其实你现在对问题的理解，还处于荒诞的范畴里。

准确点来说，你认定任务难以完成，不是因为你不努力，而是因为你缺乏必要的收集知识的能力，或者没有关键人物点拨你。

你认为完全无法打倒的敌人，有没有可能只是比你稍微强壮一点的孩子呢？毕竟两个孩子看对方都像魔鬼，每天都被自己的想象吓得魂不附体。

有没有可能，你所认为的 "绝望的生活"，根本只是因为你的傲慢呢？那些让你觉得绝望的、在与黑暗斗争中失败的勇者，不过是生活中的一些演员罢了。你觉得一手遮天的 "黑暗势力"，可能仅仅是在维护班规的班主任而已。

所以，你的问题不在于你不努力，而在于你的思维框架无法解释现在的现实。

一个悲剧的地方就在于，我们身边存在一种奇怪却被大家视为理所当然的事物，那便是 "社会时钟"。它要求人们做任何事都要比别人快，不能落后。

在"社会时钟"的影响下，大多数人被框定在一个既定的生活模式里：22 岁本科毕业，25 岁硕士毕业，28 岁博士毕业，紧接着步入社会，成为一台忙碌的"金币收集器"，然后养育后代，让他们继续重复这一过程。

倘若你比这个既定过程更快，便会赢得长辈的赞赏；要是你落后于这个进程，就会遭受无形的压力。

然而，"社会时钟"最不合理之处就在于：一味地追逐学历提升，与个人实际的专业发展和身份定位并不相符，二者之间存在脱节的问题。

硕士、博士本应是研究者的预备阶段，是需要其能够解决特定问题的高度专业化人才，这也是当初设置学历门槛时优先考量的初衷。但在当下学历内卷的环境下，许多人尚未真正踏入社会参加工作，就不得不直接以 "学者练习生" 的身份仓促上阵。

说实话，这实在是有些强人所难。人生的首次重大挑战便是投身"科研"，而科研工作反馈迟缓、收益不高、难度极大且消耗精力，犹如一场艰难的"大 boss 之战"。能够享受科研过程并取得成果的，往往是人类中的精英群体，他们能够克服这些艰难困苦，拓展人类知识的边界。让那些刚毕业、对社会认知尚浅的年轻人去面对如此艰巨的任务，未免过于残忍。

但是，也不是没有解决方案，那就是你只要做一个假装是学者的研究生，把学历混到就业就行了。

然而这个做法却又与努力上进、悉心接受老师指导的"好学生"要求矛盾。

"拔剑四顾心茫然"，就是当代青年人的写照。他们被一些半吊子理论指导，一旦以这些理论面对真正的现实，就会弹出系

　　人生支点越多　内核越稳

统错误的弹窗。他们无法处理这个问题，只能用酒精、游戏、恋爱、熬夜来麻醉系统的红色警报。

然而，这终究只是一种麻痹手段，其造成的伤害会给身体带来负面效应。最终，成瘾这一状况进一步削弱了他们的能力，使他们失去了原本拥有的力量。

○ 接纳自我

所以，解决内耗的第一步是，不要自责。

相信我，那是没有意义的。

在心理学中有一个自我决定理论（SDT），它已经成为理解人类动机和幸福的综合框架。

SDT 的基本需求部分认为，为了发挥最佳功能，个人所处的环境必须满足其对自主性、能力和相关性的需求。

这些基本需求对于个人的真实行为和保持完整的自我意识至关重要，而这种自我意识并不依赖于外部资源来肯定其自我价值。

当个人所处的环境无法满足这些基本需求时，他们就会产生一种自我意识，依赖于受控的强化激励（来自外部）来维持积极的自律。

因需求得不到满足而形成的受控取向，其行为模式特点是：一个人做事情是因为他认为这些事情是"正确的"或"应该"做的，而不是因为这些活动符合他的真实价值观。

简单解释就是，一个人做一件事是需要外界来给予意义感的，这是出现内耗的根本原因。

顾名思义，有控制取向的人对事件的结果有既定的预期，因此灵活性较差，更依赖外部线索来决定成败。

种依赖外部强化来维持对自我价值的积极的整体评价，十分不稳定，因为外界评价本身就是不稳定的。

当一个人的自我意识依赖于外界的偶然性时，他就会对这些领域中的成功或失败反馈变得过度敏感，这可能会导致整体自尊更加不稳定和脆弱。

这些人更有可能表现出认知扭曲，包括归因偏差、自尊理由，以及参与通过肯定个体对自我的积极解释来增强自我价值的活动。

再精简一点的解释是，你们在读研读博的时候，必须把"心理建设"放在第一位。

准确点来说，就是必须放弃依赖于外部评价的习惯，因为它不稳定，会让你的自尊心变得脆弱，会让你寸步难行。

而你们又都聪明，你们的自责，就可以轻松把自己打垮。

因此，解决精神内耗的关键在于，你必须先接受"自己暂时应对不了生活是合理的"这一事实。上帝幽默的地方在于，你明白了这点，你就渐渐能应对生活了。

内耗的解决方法，心理学家给出的答案是挑战动机。

人的大脑有可塑性，因此人类会对一些非常痛苦的东西上瘾。事实上，酒成瘾的互助小组的成员也报告，自己其实沉迷于酒精的苦味所带来的痛苦。

于是，你其实可以把生活当作酒精对待。它确实也很苦，但是你可以很享受。

比如，研究这么枯燥乏味的项目，我却找到一个非常让我上瘾的东西。我自己进行的数据研究结果，支持我的情绪管理理论。

人生支点越多　　内核越稳

那一刻，这种满足感不是游戏通关能给我的。

你能找到这个东西，便能应对生活，因为你的生活其实没有失败可言，每一次失败都是一次挑战，而最终这些挑战会换来胜利。

我喜欢的就是失败，那就没有失望。

消耗别人，真的有报应：
用"双向滋养"稳固"关系支点"

○ **完美男人是如何诞生的**

最近女性读者小雨遇到了这样一件事。

小雨是一个比较漂亮的女生，本来马上就要和男友结婚了，但是男友最近做的一些事情激怒了她，使得她想分手。

男友原本是从来不熬夜的，但是同居的这几天居然开始熬夜了，晚上有时还会打游戏。

男友也变得不"精致"了，有一次坐电梯时，小雨居然发现男友的脖子变得十分臃肿，她极其失望。男友家挺有钱的，但是男友和她的朋友出去吃饭时，在结账时都没有付钱的意思，反而暗示要 AA 制。

人生支点越多　内核越稳

还有，男友上班时找她聊天的频率下降了。原本男友在热恋的时候极其风趣幽默，还能充分感知她的情感诉求，在她遇到不顺心的事时，甚至还能"情绪按摩"。如今，他居然转变为"讲道理型"男友，有时还会指出她的错误。

小雨说："以前觉得他成熟稳重，可以依赖，现在却感觉他不体贴，像个孩子一样。"

小雨周围的女性朋友和网络上的情感导师无一例外地支持她分手。小雨的父母却不支持，理由非常现实：小雨年龄大了，男友的家庭条件和人都还不错，更何况如今小雨的爸爸身体不好。但是如果小雨坚持分手，父母也不强烈反对，只希望她为自己的行为负责。

小雨很生气，觉得父母很自私。但小雨也心疼父母，知道其中的现实原因。她来问我，希望我能给出建议。

其实，我在做情感心理咨询时，经常有这样的疑问：真的有那么完美的男人存在吗？

在来访者的描述里，她们的追求者事业成功、温柔体贴、成熟稳重、年轻帅气，有很高的情商，能提供情绪价值，并且还有着丰富多彩的人生经历和兴趣爱好。

从我个人的经验来看，事业成功就意味着经历了激烈的社会竞争，这样的人很难保证生活压力不会爆棚，也难以有时间维护自己的颜值。

如果一个人成熟稳重、情绪稳定，那必然经历了某种现实智慧到哲学智慧的转变，这样的人多半是超然的。恋爱那点事，没那么重要，他不可能花费很多时间去揣摩你的心思，细微地照顾你的情绪，为讨你欢心而寻找话题和制造心动体验。

说句实在话，我觉得这样的男人只存在于电视剧里，或者是伪装的。在经历了多次情感咨询后，我终于知道这样的男人是怎么诞生的了，很可能是女性根据前男友以及追求者们拼凑出来的，是一个取长舍短的虚构人物。

比如，小雨对男友体贴度的要求很高，是因为她的某任追求者在她因为考试不顺心时嘘寒问暖，并开车带她去附近的山上兜风和祈福。为了避免尴尬，男生叫上了她的闺密，还叫上了自己的好友，上车时还准备好了礼物。

这个男生最终没能成为男友的原因是不够帅。

还有一个前男友也令小雨念念不忘，这个男生高大帅气，还是学校篮球队的队长，家里很有钱，很懂各类奢侈品店的故事，并且身上永远有独特的古龙水味道。而且男生和她兴趣一致，很喜欢米津玄师的歌，喜欢东野圭吾的小说。

她和这个男生分手的原因是异地，另外，该男生分手后谈了很多女朋友。

现在这位男友，几乎满足小雨的所有条件，小雨觉得他是自己的真命天子，两人迅速步入快要结婚的阶段。

但是恋爱的感觉很快就消失了。她想再寻找那种心动的感觉，但是现实的风险和成本都很大。

在这里，我对小雨表示惋惜，因为我觉得，那种感觉她可能再也找不到了。

因为她的心动情绪阈值实在是太高了。

人生支点越多　内核越稳

珍惜生命赐予你的相遇：

让"联结感"成为"情感支点"

○ 快乐阈值高的人，很难获得快乐

司马光有句话："由俭入奢易，由奢入俭难。"

情绪也是这样的。有一种东西叫作"快乐阈值"。

小时候，一包辣条就能让你快乐一天。而长大后，就是刷一整天的短视频，都不一定能让你快乐。

这就是快乐阈值被提高的后果。

以小雨的案例来说，她所谓的"心动"、所谓的"恋爱的感觉"，已经被他的追求者和前男友们提得太高了。

有人为讨她欢心挖空心思，不断输出自己的情绪价值，实际上这极大消耗了自己的时间，甚至会造成心理创伤。

无论是精致的外形还是成熟温柔的性格，对一个特定的人而言，维持这样的形象是非常消耗精力的。

做心理咨询时，我确实温柔体贴，观察情绪细致入微，包容来访者所有的观念。但这也会产生大量心理垃圾，我必须找我的导师去排解不良情绪，还得打一晚上游戏来恢复精神。

而小雨依靠着自己的高颜值，很轻松得到了高颜值、情绪价值、金钱等这些对别人来说稀有的资源。

小雨什么都不用付出，她说："因为他们喜欢我才给我的，我并没有强迫他们，更没有过错不是吗？不喜欢就是不喜欢啊！"

其他观念暂且不论，这么做的后果就是，快乐阈值被极大地提高，对别人的善意不再有感知力了。

两性关系中，因一点小问题就上升到"三观不合"，恋人邋遢一点就会被认为"果然不是一个档次的人"。之后，周而复始地换新人，反正总会有源源不断的人来讨好她。

结果呢，被人抛弃时，没有任何悲伤；再次被人温柔对待时，也没有任何感动。

外形上风华正茂，内心里早已风烛残年。所以，快乐阈值太高从而感受不到快乐，真的是一件极其可悲的事情。

其实，我个人认为，小雨的男友不是不爱她，而是因为要结婚，把两人的关系从吸引转变为了长久，为此他开始省钱、讲道理，在小雨面前不再维持"男神"的形象。

如果小雨还要追逐某种恋爱的感觉，从而换男友的话，很可能会再次得到泡沫。但是，我真的很难向小雨说明这个道理。

我觉得这就是消耗别人所带来的报应，报应名叫"感受不到这个世界的善意了"。

人生支点越多　内核越稳

毕竟生命中的一切馈赠，都早已在背后贴好了价格。轻贱生命赐予你的相遇，那必然会被命运夺走幸福。

○ 付出更容易让人快乐

生活中，如果有人帮助我，我一定会回报他。

因为，付出就是降低快乐阈值的最好方法。

请记住，在你的整个人生里，欲望扩张的速度一定不能高于付出努力的速度。太轻易得到价值很高的东西，心魔就会随之产生。

而我在"付出"的过程中，才能真正体会到，别人给予我的一些东西是多么有价值。

读硕士时，导师安排师兄带我。这位师兄总是给我安排一些任务，我花一晚上完成，交上去后他常常不太满意，打回来让我修改。

碍于导师的面子，我没有发作。被这样寂寂无名的师兄指导，我心里有些不爽。

如今我收到后辈的功课时，真是颇感无奈，那态度仿佛是我求着他交似的。然而回想当年，师兄对我们似乎一点脾气都没有，哪像现在的我这般容易急躁。

从那以后，在我的人生里，许多人给予我的微小帮助都能让我开心一整天。就拿某次组会来说，当时我准备不够充分，博导批评了我，可随后又担心伤了我的面子，第二天特意发了封邮件向大家解释了一下。

其实大可不必如此，毕竟我自诩为情绪管理专家，本不该对此有所介怀。

但时至今日，每每想起此事，我的内心都充盈着幸福之感。因为理解，所以慈悲。

人生支点越多　内核越稳

有些人，真的不必相处：

及时清理"耗能支点"

○ 不要过度讨好别人

小晴姑娘前两天被自己的日本籍准男友放了鸽子。

为什么说是准男友呢，因为两人还没有确立关系，但是已经有了看花火大会等比较亲密的活动。但是这一年来，这个开始时相当温柔的研究室前辈，对小晴变得冷淡。

准男友从一开始为了她学习中文，到现在经常讲生僻的由英语演变而来的日语新词。从一开始事无巨细地照顾她，到现在经常失联，问就说自己很累很忙。

最生气的是，本来约好的见面从早上改到下午，而到了下午的时候，直接聊天软件上一句"不想来了"就结束了对话。

本来这种事，要是放在舆论平台上，网友百分百是劝分吧。但是小晴的闺密们却不建议她这么做。

有的人劝她，准男友这么帅，带出去也好看，要不忍忍，也许他是真累！

有的人劝她，冷处理一段时间，回头看准男友表现，可以的话，让共同好友捎个话。

有的人劝她，要是和前辈关系闹僵，那么她在研究室的处境可能会有点尴尬。

还有的人，看完聊天记录后，得出来的结论是，小晴的日语可能不太好，有时在言语上对准男友不太尊重。比如，在日语的习惯中，"我"这个主语要省略，但中文没有这个习惯。要是经常使用的话，会让别人觉得自己很骄傲。

而我的建议很简单——直接拉黑。

当然，我的这个建议不是基于情绪的判断，而是一个理性权衡的结果。

为什么呢？因为在这段关系中，"我"消失了。

日本 2023 年排名第一的畅销书叫《说话方式占九成》，书中也提到过，不要过多使用"我"这个主语，这会冒犯别人。

书里还有很多内容，比如不要劝别人"没关系，这种事经常发生"，因为这样会显得别人的痛苦很普通。

也不要说"这个事，我已经知道了"，这样显得自己很优越，而是要知道了也要装作不知道，然后感激别人告诉你。

还有不要使用"但是""反正"这类否定对方发言的词，为了维护关系，一定不能让对方感觉到拒绝感。

最让我惊讶的是不能说"你现在是不是很难过"，因为这样

人生支点越多　　内核越稳

评价别人的情绪，说明你不一定完全懂别人的情绪。

如果完全对照书中的内容，那我恐怕已经得罪别人尤其是日本朋友一万次了吧。

我虽然赞成书里的很多内容，但这样过度地讨好别人而忽视自我的做法，我是反对的。

太过温柔的关系，对双方都是一种负担。

○ 不要磨平自己的棱角

教师节的时候，我的很多学生给我发来消息。

他们说感谢我对他们的教诲，如今的他们已经成熟了，已经被社会磨平了棱角，逐渐变得自立和有成就。

我很高兴他们有成就，我很开心当天收到他们的祝福消息，可是我确定我没有教过他们要磨平棱角，这不是成熟的标志，尤其是当棱角被完全磨平那刻，他们将永远站在黑暗里。

为什么说磨平棱角从而去适应环境是错误的呢？

因为我们建立社会关系的目的，就是维护我们自己的生活，即维护自我的存在。而不是因为要融入社会关系，把自己的特征全部消除，从而在社会关系中获得安全感和舒适感。

如果一段关系完全是伤害性关系，那及时止损是必要的。

但现实中，总有一些冠冕堂皇的理由，要求你牺牲自我去维护某些不平等关系。你要真这么做了，其实得不到对方的尊重，只是彻底放弃了思考，成了一个可有可无的人罢了。

有时候，情绪是很有用的，委屈和生气都是在提醒你这段关系是否有维持的必要。

通常来说，在认真思考的结果和情绪的本能里，我们更倾向于听认真思考的结果，因为它更理性。

但有的时候，认知会被传统观念或者一些被美化为"无私付出的高尚品质"的东西所误导，而这时，听一听情绪的建议是很重要的。

返回到小晴的例子上来看。

我之所以劝分手的理由是，基于她朋友给她的建议，我反倒觉得，小晴无形中过于依赖这段关系，而忽视了自己的一些问题。

比如，如果看重准男友的帅，那背后就有一个问题：是不是她的社交圈过窄了？

如果担心因得罪前辈而在研究室混不下去，那是不是该思考下：为什么小晴在研究室的生存方式是依赖前辈？

如果是日语的问题，那就有个更加哲学性的问题要思考：我们真的有必要和日本人一样说话吗？

上述话题可深入探讨的方向众多，然而我最想表达的是：是否我们过度聚焦于维系自身的社会关系，反倒忽略了对个人独特个性的雕琢以及思想深度的挖掘？

○ 成熟的人社交，不会削弱自我

叔本华说："人要么独处，要么庸俗。"

在一些鸡汤文学的加持下，智者往往被塑造成孤独终老的形象。

其实不是这样的，不是越成熟的人越不愿社交，而是他们不愿意以削弱自我的方式进行社交。

人生最为宝贵的成长经验，往往需要经历巨大的痛苦和付出巨大的代价才能得到，而这种财富是万万不能因为迎合别人而丢掉的。

因此，我觉得在智者眼中，关系很重要，只是它不是一切，只是成长的必经之路而已。

诚然，我们有些时候也必须大度。这是因为我们判断这段关系的优先度不高，为了避免不必要的敌对，而选择大度。

这是为了让我们更好地把精力放在一些深度关系上。

有时你会看到，在一些逐渐衰败的企业里，会出现猛抓纪律这样奇怪的现象。有时你还会看到，微博上为了维护自己的"爱豆"，粉丝可以做出多么没底线的行为。

这是因为，一个群体中的成员越是见识浅薄，越是处于资源匮乏的状态，就越会将人际关系置于首位。在这种情况下，排挤他人、打压异己、肆意侮辱、结党营私、奴役他人或者甘于被奴役，反而成了他们获得快感的来源。

也许，他们能够获取不少物质资源，但他们的精神世界必定是荒芜贫瘠的。

实际上，成熟的人更加能包容和自己不同的人，也更加能欣赏别人的价值。

所谓"君子之交淡如水"，不是说君子不必社交，而是说社交这个东西，一旦过度，那就必然变味。

别总向关系低头，也别怕被人讨厌，毕竟未经思考的人生是不值得一过的。

远离那些"事不关己"的人：

用"责任共鸣"筛选"同行支点"

○ "反社会"的人，终将得到社会的惩罚

读者小 A 曾经跟我倾诉过一件事。

小 A 有一个亲戚欧大妈，曾经富贵过一段时间，但是在那段时间里，欧大妈把钱看得很重，完全没帮助过亲戚，尤其是小 A 家。

但小 A 是个善良的人，在欧大妈落难后的很长一段时间里，她主动向欧大妈伸出援手，帮助欧大妈度过了最艰难的时期。

原本小 A 觉得欧大妈应该会感激她，谁知道，一段时间后，欧大妈立即恢复了铁公鸡的状态，甚至多次找小 A 借钱，小 A 不借便痛骂小 A 忘恩负义。

小 A 一度怀疑自己是不是好心被当成了驴肝肺，甚至告诉自

己以后不要再善良了。小 A 最后一次知道欧大妈的消息，是欧大妈因为深陷网络赌博欠了一大笔钱，已经跑路了。

小 A 告诉我，这叫天道轮回。

我告诉大家，这不是天道轮回，这是有某种自然逻辑的。

请你远离这种铁公鸡，不是因为"善良的人没有好报"，而是你不该介入自然对他们的教育，你违反了天理，当然要被惩罚。

自然是不允许人类"事不关己，高高挂起"的，人必须注意别人的困难，这是刻在人类的基因里的。

人类之所以能成为万物的灵长，其原因就在于人类建立起了一个强大的社会互助机制，这使得人类哪怕自身并不强大，也能在这个地球上立足。

所以人类社会在几千年的进化中，是不允许"反社会"的。

据统计，有 3% 的人本身就具有反社会人格，你可以理解为这是社会植入的某种变异病毒，目的是保证免疫系统能够正常运行乃至进化。

而如果你要从一个健康细胞，主动堕落成一个丧失社会功能的细胞，自然会被社会排除。无论是陷入网络赌博、实施诈骗，还是遭受疾病的侵袭，甚至是走上更加邪恶的道路，你倾尽一生所积累的财富，都将烟消云散。

但是上天有好生之德，这个过程不是一瞬间的，社会的毒打是个缓慢的过程，它在提醒人类：任何时候醒悟都为时不晚。

所以当一个人因为自私自利违反社会性时，世界自然要安排一点痛苦给他。

让一个人改变最好的方式不是说教，而是让他从痛苦中感受绝望。

这明明是大自然既定的规则，然而一些"善良"的人，妄图去干扰自然的安排。

于是，你的一片好心被当成了驴肝肺，但实际上这是上天念及你最初的心意是好的，在暗中保护你。要明白，倘若放任你与那些铁公鸡继续纠缠下去，就凭他们那已经扭曲到了匪夷所思的地步、仿佛偏离到银河之外的三观，你觉得自己能承受得住他们多少次充满恶意的仇恨行为呢？

○ 帮助别人，完善自己

看到这儿，你一定想问我：喵大师，你不是劝我们远离那种"事不关己"的人，教我们不要介入别人的命运吗？

帮助一个人，是不能基于外在动机的。

你不能因为想要与一个人建立亲密关系而帮助别人，万一别人和你性格不合，无法长期相处呢？即便对方有一副完美的皮囊。

你更不能因为想要证明自己善良而帮助别人，这不仅不善良，还有点蠢。

切不可因预判一个人将来必成大器，便选择破例对其投资。一旦他未能如你所愿，你心中便会就此埋下无尽的怨恨种子。

当你决定帮助一个人时，这一行为必须源自内在的动机，也就是人们常说的 "爱"。这种动机的核心本质就在于不期望得到任何回报。

这种动机既谈不上伟大，也并非只有圣人才能达成的丰功伟业，只是现实中鲜有人能真正洞悉其背后的真谛罢了。

你帮助别人，最大的理由就是：这可以锻炼你的某种能力。

人生支点越多　　内核越稳

别人的困境恰好照见了你的匮乏，正好击中了你的恐惧，你可以趁着这个机会完善自己，消除自己平时所忽视的风险。

你甚至根本不用找这种事，世界会用一种你难以理解的算法，把这种事情派到你的面前。

你如果事不关己，高高挂起，或者嫌麻烦，那等以后这种事情到了你头上了，你就毫无解决之策，最后只能一头扎进陷阱里。

比如，欧大妈之所以会陷入"网赌"，其实跟她不帮助小 A 有一点关系。你越是想把钱攥在手上，你越会发现，持有金钱这件事本身难以给你带来荣耀和安全感，反而极大地增加了你的风险。

倘若你拥有财富，只要你不对外声张，自然不会有什么风险。然而人往往都好面子，追求一种身份感和认同感。如果你选择缄默不言，那么财富所带来的影响力和优势便会大打折扣。若是把钱藏在床底下，依旧骑着自行车去上班，如此行事不仅无法享受财富带来的改变，反而还平白无故地增添了心理负担。

可要是将自己有钱这件事说出去，必然会招致他人的觊觎与窥探，从此便会陷入惶惶不可终日的境地。

在这种情况下，正确的做法应当是去帮助你身边那些怀有感恩之心的人。实际上，如果他们未曾遭遇困境，没有出现在你的身边，你本不应主动伸出援手。因为真正有意义的帮助，是在恰当的时机给予那些懂得感恩的人，这样既能让财富发挥其价值，又能避免不必要的麻烦与风险，让自己的生活处于一种平衡且安宁的状态。

你做对了，恐惧就消失，你会练就火眼金睛，能判断什么样的人可以信任，什么样的人不可以信任。

你根本不需要回报，这份能力就可以保你平安。

你如果逃避这种修炼，那么骗子早晚会找上门，某种命运会将你卷入深渊，让你倾家荡产。

一般人难以看透这里面的逻辑，他们通常将其理解为"善有善报，恶有恶报"。

不要和选择铁公鸡路线的人过多纠缠，你也不该介入世界对他的毒打。

你也不要当铁公鸡。帮助别人，这是一条加速成长、承受挑战、抵御风险和提升自我的捷径，相当于借别人的作业本书写自己的人生。

当然，最后你可能还会意外得到别人的感谢，到那时这对你来说已经无所谓了。

你无需别人感谢，但你要克制当别人救世主的欲望，这种贪婪会把双方都卷入深渊。

在你通过别人的困境，体验了悲伤和痛苦，深深体会了人性的复杂和世界的真理后，你会变得强大和值得被托付。

那个时候，真正的考验会找上你，世界会把自己的一部分托付给你，这就是大家梦寐以求的权力和地位。

人生支点越多　内核越稳

第
3
章

情绪支点

给情绪找出口，

让内核有缓冲

被人嫉妒，该如何完胜：
用"实力成长"替代"他人认可支点"

○ 这个世界不欺负弱者，只考验强者

师妹米西回忆起自己曾经被无能上司嫉妒，后来走出困境的经历。

她的上司能力不足，地位不稳，但是又很急于把事情做好。一方面想做出成绩稳住自己的地位，另一方面又害怕下属太出色威胁自己，这种矛盾心理致使他显得格外无能。

他既期望师妹将工作出色完成，以便将功劳据为己有，又害怕师妹崭露头角。师妹的方案已经写得极为完整详尽，可他却非要强行点评一番，说的也不对，纯粹是为了"刷存在感"。明明心虚不已，又极度害怕师妹，只要师妹稍微提出一点反驳意见，他就立刻提高嗓门儿，试图用音量来压制师妹。

后来师妹换了一家公司，新公司的人都很强。强者的特点是很自信，因此不担心自己被比下去，所以会欣赏优秀的人；同时强者都喜欢挑战自己，面对更强的人，想的不是自己被比下去了怎么办，而是会产生好胜心，为了变得更强而更加努力，因此很容易形成良性的竞争。

"被嫉妒被欺负"这件事，很多年轻人都遇到过，对此我分享一些经验：

从本质上来说，嫉妒其实是一种慕强心理的扭曲表现。这也就意味着，如果你成为被嫉妒的对象，那么从某种程度上讲，你已然站在了候补强者的行列之中。可以毫不夸张地说，这种被嫉妒的境遇，相当于上天为你安排的一场试炼，将决定你在未来的人生道路上，究竟是以强者身份生存，还是以弱者身份生存。

但需要明确的是，所谓的"强者"与"弱者"，不过是人生中两条不同的生存路径罢了，就如同我们在职业选择上的不同方向，并没有绝对的好坏之分。你可以将它们理解为阴和阳两个方面。

所以弱者不是真的弱。一个智慧的弱者，会拥有强者终其一生都无法到手的财富。

真正让人痛苦的，是成为不称职的强者或弱者。不称职的强者缺仁德，不称职的弱者总抱怨所得太少。

有时会出现一种有趣的现象：上司嫉妒下属才华进而打压之，即便下属为单位立下汗马功劳，即便上司的高薪源于下属的付出。

八成以上的结果是，下属选择离开，去过虽不算成功却惬意的生活。而上司则陷入惶惶不可终日之境，为保地位机关算尽，以致面目狰狞。

在此故事里，下属遭上司嫉妒是必然的。因为强者被弱者嫉妒乃世界运行的逻辑之一，其中蕴含着大众难以理解的智慧。

没错，强者是下属，弱者是上司。

一个人是强者还是弱者，不是以他目前的地位或者手握多少权力来决定的，而是由他目前的能力能否应对生活、能否造福其他人决定的。

这世界并不欺负弱者，却会考验强者。当然，如果弱者联合起来打压强者，或者弱者利用手头资源压制强者，那么选择成为强者，就必然要面对这些挑战。

毕竟，这是强者成长之路上不可或缺的磨炼。

你只有接受这个磨炼，才能真正完成成长，拥有真正的力量和影响力。

强者必须有仁德，也就是必须扛得住。这是这个世界愿意托付给强者重任的前提。

○ 真正的强者，懂得藏住自己

如果一个上司能够意识到，随着年纪的增大，自己体力和智力已经没有多少提升空间，自己已经从昔日的强者变为弱者时，他便会转而帮助那些潜在的强者，也就是年轻人中的佼佼者。

这是一种投资，能够保证自己今后哪怕力量衰弱，也还是能够因为别人的成功而生存。

但是，这种双赢的局面很少。为什么？因为"千里马常有，而伯乐不常有"。

能被伯乐赏识的千里马，还有一个特征，那就是藏得住。

而当代千里马却迫不及待想要出头，因为他们总觉得凭借自己的能力，在目前的位置上简直是浪费时间，自己应该被安排到更有面子的位置上去才对。

这就是大部分千里马遇不到伯乐的真正原因。

虽然你有能力，但你的动机不对。你去更好的位置，会有更多的尊严、更高的收入、更多的人生体验，可是等真把你放到这些位置上时，你会发现这些东西没有太大意义，而且副作用很大。

比如说，等你出名了，你就要成为一个道德完人，说话做事都需要滴水不漏，如果有一点不让别人满意，别人就会来攻击你。

所以，一个候补的强者必须会藏，当你被人嫉妒时，你可以理解为这是一种上天的提醒。

藏，不是为了让你远离成功，让你从此放弃奋斗，而是为了让你学会暂时收敛你的锋芒，去增强你的能力，拓展你的盟友，丰富你的知识，提高你的认知，让你有能力面对即将到来的挑战，去抵御成功后无处不在的诱惑。

因此，如果你迫不及待地想成功，那会很难遇到贵人。因为你不明白，你需要面对的是什么。比起你得到的那些微不足道的面子或者金钱，你损失掉的平静、幸福、惬意，可都是无价之宝。

除非你明白这些，而且坚定要为人类付出，主动去承受这份压力。如此，你大可放心，众多贵人自会纷纷向你靠近。这些贵人，个个饱经疲惫，深感孤独，心怀恐惧，但你可晓得，倘若能有一个值得信赖托付的人出现，对他们而言，会是多么令人欣慰之事。

大巧若拙，大辩若讷，大勇若怯，大智若愚，其本质皆是如此：

倘若你真正彻悟，就只会深感自己的能力非但不够，而且是极为不足。

一旦你达到这般境界，便不会再遭人嫉妒。他人会认为，你之所以能够成功，并非上天有所偏袒，纯粹是缘于你具备一种让旁人望而却步、心生敬畏的觉悟。

人生支点越多　内核越稳

当你被欺凌时，学会这一点：
用 "抗压力" 筑牢 "安全感支点"

○ 欺凌者不会永远强大

遭遇社交欺凌时，多数人往往在两种选择间徘徊不定。

其一，即刻起身反抗。可如此一来，便要与欺凌者正面交锋。目前自身实力尚且不足，何况许多欺凌者还掌控着自己的命运走向，所以，只要没被逼至绝境，实在没必要拼个鱼死网破。

其二，默默忍受。然而这般做法，会使人长期陷入抑郁状态，内心被绝望笼罩，毕竟自己无法掌控自身命运。

大部分人在遭受欺凌时，缺乏有效的反击策略，其根本缘由就在于，他们难以在这两种选择中果断下定决心。忍受吧，心有不甘；反抗吧，又力不从心。

其实，还有第三种方法。

你只需要正面承受住第一波攻击，很快便能看到敌人在崩溃了。

你不要以为欺凌者完全处于上风，其实他也有很多弱点和缺点。

我可以直接地告诉大家，一个真正强大的人是不会欺凌别人的，因为真正强大的人有着太多无害而且收益更高的方法去获得他想要的东西。

欺凌别人实际上是有成本的。

首先，欺凌者要永远保持强大，其实要很大的成本。

做一个霸主，必须随时考虑一件事：维持霸主地位的成本必须小于当霸主的收益。遗憾的是，在中国文化背景下，这个逻辑长远来看就不可能行得通，因为中国文化本身就在排斥霸道。

为此，只要欺凌者出现力量衰弱的迹象，被欺凌者就会产生广大的同盟者。

○ 扛住攻击，你就赢了

其次，欺凌者是有着很大的心理负担的。

欺凌者平时表现得扬扬得意，其实内心深处是在对抗恐惧和绝望。

你只要正面扛过了第一波攻击，让欺凌者觉得自己居然没有完全打压住你，你甚至还能维持体面，在生活中怡然自得，就会给欺凌者带来极大的心理震撼。

"这个蠢货居然不买单"，你只要坚持一个回合没有倒下，那些长期被欺凌的受害者的框架就要开始动摇了。你只要坚持两

人生支点越多　内核越稳

个回合没有倒下，其他受害者的就会开始准备证据，时刻准备声援你。你只要坚持三个回合没有倒下，被欺凌者们就会开始联合起来准备反抗，而欺凌者的部下们就准备改换阵营了。

唯一无效的战略，就是被欺负后，你到处求人帮助，求人同情。别人只会躲着你，这是欺凌者最愿意看到的事。

"如果这么猛烈的进攻你都屹立不倒，那我早点加入你的队伍胜算才高啊！"

你要激发起周围人对你胜利的想象，你就赢定了，这在古代叫造势。

○ 引领对抗欺凌者的力量

不要以为欺凌者势力强大，他们如果真有这种神通，又何必用如此露骨的手段压榨你的资源。

在某种意义上，他们是一群失败者，或者是被更强大、更善于隐藏的人所欺凌的对象。

那些对欺凌者有监督权的人，实际上早就不满了，他们需要的是一个契机，因为他们是不愿意消耗自己的力量去直接对抗欺凌者的。他们需要借助"民愤很大"这种理由，把欺凌者的仇恨对象转移，这样他们自己才安全。请原谅他们，他们毕竟不是包拯那种强大的存在。即使是包拯，他的强大也是需要展昭和公孙策的。

但是，绝大多数的被欺凌者，其实是被自己的想象击垮了，他们所有的力量都丧失在了对强大敌人的恐惧中。

不要责怪他们，该你给他们带去希望了。你只要围绕着一种先天罡气，这种强大的气场，就足以让周围人聚拢在你身边共同对抗邪恶。

实际上，无论多么强大的欺凌者，如果看到你这种缜密的心思、抗打击能力、强大的情绪管理能力，从一开始就要绕着你走。

一个人最强大的地方，往往在于掌握人心最基本的规律，这也是邪不胜正的真正原因。

其实 "挺一挺" 也挺好的：

让 "韧性" 成为逆境中的临时支点

○ 任何事情都没你想的那么糟

最近，我频繁听到 "你要对自己好一点" 这般正能量的话语。它既出自身边陷入绝望的朋友的自我慰藉，也来自众多自媒体大V对其读者的反复安抚。

他们总说：每个人都有自己的苦难，所以不想见的人就别见了，不想做的事就别做了，想去哪儿就买张票，想躺平了就休息两天，别考虑麻烦的事，做顿好吃的给自己。

我理解休息是必要的，娱乐是必要的，断绝一些伤害性关系、减少工作量都是必要的。

但是这些选择都必须基于理性判断，每一个选择都必须基于现实考量，你不能因为感受到生活的重担，就开始全方位给自己解压，然后用一个无比正确、谁都无法反驳的语句来美化这一切。

说"对自己好一点"其实是在劝人投降。

我们或许会完不成工作，又或许会因焦虑而常常熬夜，并且我们也清楚熬夜对身体有害。然而，解决问题的方式绝对不是给自己做一顿好饭。

不妨换个角度去思考，或许我们的焦虑是合理的。世人所宣扬的那种毫无焦虑、始终沉浸在幸福之中的状态，说不定才是不正确的。

焦虑其实是有必要存在的，其本质在于你所担忧、恐惧的事情有可能发生，你害怕自己的能力不足以应对生活的种种挑战。

但你是否考虑过，这也许是一种特殊的"福利"呢？

因为倘若你不选择放弃，便会发现焦虑就像是一个入口略带苦涩，但仔细品味之后却有一丝甘甜的东西。

比如，曾经有一次，一位英语比较好的同事要代我发表学术演讲，但是在发表前几天同事突然通知我，我必须亲自演讲，这可真是让我极其焦虑。

因为我是被作为重点发表人物对待的，诺奖得主会对我提问。

可是，事已至此，只能硬着头皮上了。于是到了发表的那天，我操着非常不专业的几乎是全场最烂的英语，完成了发表。

诺奖得主明显没听懂我说的内容，但隐约对我的研究有兴趣，于是对我提了一个问题。原谅我，我至今不知道他问了什么，自然我也胡扯了一番，把提问环节给应付过去了。

第二天见到导师，我以为他会说我给他丢了脸，结果他表扬了我，并多说了一句，让我以后发表之前多演练一下。

那一周，我的心情像坐过山车，我反倒不那么懊恼自己准备

人生支点越多　内核越稳

不充分了，因为焦虑也许比我精彩的发表还要爽。

为什么？因为我发现，那些让我们焦虑的事情，可能也就是那么一回事。

只要硬着头皮面对，你会发现，再难的事情都会有解决的方法。比如，英语水平稀烂的发表者肯定不止我一个，诺奖得主以及其他与会人员肯定已见怪不怪，他们一定有办法解决这个问题。

哪怕真的被我的导师知道了我的糟糕表现，也不会引来多大的麻烦。换句话说，我突然发现，我这一辈子也没有对谁特别满意过，我怎么可能指望我导师对我特别满意。

只要你想解决，那么一定就有解决的办法。哪怕解决不了，事情也绝对不像你想的那么严重。

一旦你领悟了这一点，就能够跨越焦虑最初的苦涩，如同品咖啡一般，渐渐喜欢上焦虑的滋味。

从此以后，面对各类学术发表活动，我再也不会紧张到说不出话来了，我仅仅需要提前进行演练即可。这种从容不迫、吃得饱睡得香的心态，为我赢得了众多优势。

所以，当你觉得自己难以应对生活的难题时，"对自己好一点"这种方式并不能真正解决问题，鼓足勇气迎难而上，才是正确的道路。毕竟，问题若不解决，那些临时性的情绪舒缓措施都不会产生任何实质性的作用。

○ 在这个世界，你没有资格绝望

在这世间，几乎各类难题都难以凭借"对自己好一点"这种方式来化解。

比如与恋人相处时矛盾频发，整日争吵不休，这绝非停止交流、更换恋人或者干脆不谈恋爱就能解决的问题。

又比如在职场中与老板、同事关系不佳，晋升无望，薪资微薄，每日都处于受气的状态，有人便试图不去理会单位的烦心事，男生沉溺于游戏，女生痴迷于购物。甚至还有人倡导不顾一切地裸辞，去过所谓的自己理想中的生活。

恕我直言，网络上所宣扬的"对自己好一点"，其内涵往往是让你无须直面麻烦，只要让自己过得轻松惬意就行。

可事实上，在大多数情形下，你既无法随意更换恋人、老板和朋友，也做不到完全漠视他们的态度，纯粹地只考虑对自己好。

永远只关注自己的感受，那是一种超凡入圣的状态，你强行角色扮演，只会让自己每天都活在挫败感里。

即便你真的换了恋人、单位、朋友，但你如果不解决问题，那么问题还会出现，到时候你会被逼着再一次"对自己好一点"。

到时候，你躲掉的问题，会用另外一种更剧烈的方式，施加在更加虚弱的你身上。

别想着靠忍耐和躲避就能一劳永逸地解决问题。社会在毒打人这件事上，真可谓创意无限。

其实只要活在这个世上，你就没有资格绝望。

这不是说，你得为了重要的人或者事情而选择硬撑。而是说，作为一个有智慧、力量，眼界有限的人，你永远不能给一件事下定义。

你之所以失败，是因为你总是按照同一种方法去应对同一种挑战。在这个过程中，你解决问题的方式，只是加大了投入的力度，比如时间和精力。这当然会让你身心俱疲，还会产生绝望感。

其实正确的做法是，你需要换种方法，换个角度去理解问题。

之后你就会发现，当你想解决问题时，问题没有你想象的艰难。而且，哪怕这个问题真的很难解决，你也有非常多的手段去弥补损失。在你这么做了以后，你会意识到，问题原本可能根本就不存在。

如果你真的要对自己好一点，就请接受自然规律安排给你的课程吧。你到了要蜕变、要破茧、要穿过黑暗的隧道的时候了。

挺过来，你会看到新的风景。

让一个人停止后悔：

用"接纳现实"替代"完美主义支点"

○ **后悔，是个爽文设定**

有读者向我发来消息：老师，我近来深陷后悔情绪，难以解脱。我懊悔做了个错误决定，致使事业一团糟；悔恨当时未努力争取，与心爱的姑娘失之交臂；不够果断，因而错失良机。也有人说，后悔自己考虑欠妥引发误会，抱怨自己不够勤奋，懊恼上学时没好好学习……他们向我求助：老师，我究竟该如何是好，才能不再这般后悔？

后悔，本质上是极为消极的行为，可在诸多情境下，却被包装成了正能量的表现。仿佛一个人能知错，便是莫大的善举，是极为上进的象征。

但我们稍加留意就会察觉，后悔对改正错误并无太大助益。

它带来的，常常是长时间的萎靡不振以及严重的精神伤害。

因为它非常不谦卑，你以为这次的失败仅仅是因为发挥失常，然而事实是，这是一次无法避免的失败，不是你重新选择一次就能解决的。

你需要的是用壮士断腕的精神去面对现实，而不是躲在那个"高水平的自己"的假象里，每日瑟瑟发抖。

承认吧，你没有你想象中的那么强，这不是什么"低级错误"，不是什么"运气不佳"，单纯是因为你弱小。但弱小没什么可耻的，世人皆弱，真正可耻的是傲慢。

我在自己的演讲中讲过这么一个故事：在我网络游戏成瘾的那段时间里，学习委员蓓竹不断鼓励我，最终帮助我脱离了网瘾。

我后悔没有向她表白，错过了佳人。

演讲的时候，大家挺喜欢这个故事，但随着年龄的增长，我意识到了一个问题：我没有后悔的资格。

我并非缺乏向她表白的勇气，当时的我，勇气也就只有那么多而已。

之所以只有这点勇气，是因为大学那几年，我一直在打游戏，既不注重外形打理，也很少与异性交往。即便到了现在，我也达不到当年她那些追求者的社会地位，我曾在校门口亲眼看见过他们的豪车。

这件事没什么可后悔的，因为从始至终我都做不到，这便是现实最直白的答案。

我无法确定当时身为学习委员的她是否真的对我有意，或许，那仅仅是履行职务罢了。我察觉到，自己在某一瞬间脱离了现实，竟然试图用后悔这种方式来弥补当年的某种遗憾。

这种后悔的剧情是多么标准的"爽文"设定啊。

在后悔的这个剧情里，我才华横溢，只是偏离了道路，若不是造化弄人，凭着我那种巨大的潜力，我一定能得到更多。

发现没？其实在这个剧情里，我一点都不痛苦，我宛如活在一个幸福的梦境里。

事实是，我大学时，用了太多时间在网络游戏上，以至于我的人生缺失了某些经历，这是一个必然。

所幸的是，这种校园恋爱多半只是电视剧里过分夸张的表演而已，哪怕缺失了人生的某些经历，损失也不大，不需要后悔。

这件事真正的意义是：生活真是一出充满意料之外剧情的大戏啊，这一切都是值得回忆的东西。我已经非常幸运地得到了很多，可是我居然还幻想可以得到更多。

○ 谦卑的人是不会后悔的

一个谦卑的人是不应该后悔的。

曾经一位朋友跟我抱怨，他错过了一个很重要的研究项目基金。

他熬了几个月把申请材料写好后，拿给一个大佬，希望大佬给他提点意见。他也只是学会上见过几次这个大佬，感觉大佬和蔼可亲。

他的项目报上去后，不仅被毙了，还闹出了学术不端的丑闻，因为项目审核人员发现，他的申请书和另外一个项目的申请书很多内容重复。

相信大家猜到了，另外一个项目就是那个大佬申请的。

虽然最终经过调查还了我的朋友清白，但他也因此痛失了一年的机会，若不是学校努力为他说明，他的科研生涯搞不好都要栽进去。

他对我说，他真的好后悔，他所托非人，遭到背刺。早知道大佬也会剽窃，自己就应该把原创部分给隐藏起来。

这个反思，彻头彻尾就是失败的。

他的错误，不是没有采取一些措施防止意外发生，而是根本就不应该把项目申请书拿给和自己有竞争关系的其他学者看。

这种求指点，渴求权威给自己一点赏识的行为，纯粹是心理幼态化、缺乏社会历练的一种表现。

这件事发生了，根本没有必要后悔。它指出了他最核心的错误，它用最小的代价提醒他改变，这是他将来拥有好前途必要的一环。

十年后，他成为学术大佬，这份经历会提醒他，他是怎么样一步一个脚印过来的。它多么精彩，多么宽容，多么有意义啊。

但是很多人很高傲，觉得自己不需要学习，觉得自己不需要社会教育，天然就有一种超高的水平，似乎这种水平能帮助自己避免一切损失。

也许你觉得，自己就是这么厉害，只是不小心犯了错，只要走另外一条路，就一定会更好。说实话，你只要还是逃避，还是缺乏直面事实的勇气，还是不愿意活在客观世界里，那你即便走了另外一条路，也有无数的失败在等待着你。

那些说着"要是我当初××，就×××"的人，你觉得能信任吗？

真正的勇士是不后悔的，他们是那种不管命运给他们安排什么剧情，都能通关的人。也只有这种人，才会得到那些后悔者求之不得的光明未来。

面对网上的污言秽语，该如何调整心情：

给"自我认知"装上"过滤支点"

○ 永远做一个体面的人

一个忠实读者问我：喵大师，很多人在现实中表现得比较有礼貌，但是一到网上就脏话连篇，用各种不堪入耳的话侮辱他人，发表极端言论，您能不能从心理学的角度分析一下他们的动机，是什么意识使他们有这种行为？还有我因为在网上和网友争论，被人用脏话网暴了，很长时间，心里都不舒服，请问怎样消除这种影响？

首先我回答一下，是什么意识让他们有这种一到网上就脏话连篇的行为。

主要是因为对于很多人而言，"面子"已经变得不值钱了。

无数的自媒体在教人"放飞自我"，比如，领导欺负你就直

人生支点越多 内核越稳

接怼回去；女生要是约会迟到，就买单走人；老师要是批评孩子，就立马举报到教育局；你喜欢的作家要是说了你不爱听的话，就立马怒骂他。

实际上，这种做法是有巨大隐患的。

怼了领导后，最轻也是被部门管理人边缘化，一般情况下就是在单位被挤对，可以说，这是自毁前途；不管有多少博主支持你搞性别对立，一旦你对异性缺乏尊重和耐心，在实践意义上，你就会少很多亲密关系；举报老师，要不了多久，你孩子就得面临转学。

体面是别人愿意和你建立合作关系的一份担保，担保你这个人会按照规矩做事，不会一产生误会就会被你攻击，继而人财两失。

但体面是有代价的，这个代价就是，需要消耗额外的脑力去照顾别人的心情，需要克制自己的欲望去平衡外界的需求。显然，这是很不舒服的。

一定程度上，在现代社会，体面的价值下降了。

于是，在网络这种匿名的地方，很多人就开始"放飞自我"了，现代人太聪明了。其实这里有个问题：你要是习惯了在匿名状态下放弃体面，就等于在释放你某种原始的冲动。

你在摧毁你的自我控制机制，迟早有一天，你也会选择在现实中放弃体面。那时，你不仅得不到社会地位，还会遇到许多无妄之灾，这些灾祸来自和你一样缺乏体面的人。

别学他们。

○ 网暴你的那些话，都不是真的

第二个问题：在网上和网友争论，被人用脏话网暴了，很长时间心里都不舒服，该怎样消除这种影响？

为什么你被网暴后，心里会很不舒服？因为你不知道他们说的是不是真的，所以你产生了极大的情绪动摇。

没关系，我告诉你答案。他们说的不是真的！

无论是夸奖你还是贬损你，那些话都不是真的，你可以当他们在胡言乱语。

一个人给你的评价，是否值得尊重，要看三点：（1）他是否能客观理解你的处境；（2）他是否有智慧地推导客观规律；（3）他是否谨慎地解释结果。

一个连体面都无法维持的人，你觉得他做得到上述三点吗？

为什么你老是信这种胡言乱语呢？因为你自己也不知道答案，所以你"宁可信其有，不可信其无"。

一个有智慧的人，不搞这一套。一个人相信什么，不相信什么，只基于客观规律。

如果有读者评价我写的东西"你写的什么垃圾东西？"，我绝对不信，因为这个读者并没有看完我写的全部内容，否则他不应该评价我的作品是垃圾，毕竟不可能我说的每一句话都毫无价值。

其次，他就不应该使用"垃圾"这种词语。

他可以评价我写的东西"错别字太多"，我是相信的。他评价我写的东西"主观内容太多"，我也是相信的。但他评价我写的东西是"垃圾"，这是一种傲慢，因为基于客观事实，我有许多长期读者，他们和我有很深的友情。

人生支点越多　内核越稳

最后，这种情绪化的发言，我本能是排斥的。

网络上有太多人，一会儿斗志昂扬要逆天改命，一会儿遇到点挫折就开始宣扬躺平，感觉人生已经没希望了。

大家千万不要搞这种"行为艺术"，这是一种认知失调的象征，只会得到别人的轻视。

一个让人敬畏的发言是这样的："喵大师，你昨天的文章针对情绪管理的见解是有独到性的，给了我很大的启发。但我必须建议你客观了解一下新闻的事实，你有点过早给对方下定义了。"

发表这样的评论的人，我不得不对他肃然起敬。一个人说话时留有余地，就表示他投入了更多的思考，你不得不对他多一分重视。

忘了和网友的争论吧，你迟早有一天会明白：

一个不体面的人，他根本不知道自己在说什么，他说的东西与现实毫无关系，他只不过无意中学会了用攻击你来祈求你的关注的方式。

别让他有机会开口，上天之所以忽略他，是希望他悔过。和他争论是在阻碍现实对他进行手术，所以你被他喷得体无完肤。

为了你，我什么都可以：

别让"牺牲感"压垮"自我支点"

○ **我不愿和喜欢发毒誓的人往来**

前几天接到一个电话让我啼笑皆非。

田力（化名）是我过去的一个同行，也是我一个好朋友的朋友。田力听说我在留学，便要到了我的联系方式。

他开场也没怎么客套，直接就给我提了一个要求：要我把留学中介的联系方式给他。

可是我没有啊。说实话，这个行为冒犯了我。我当时是直接给导师写的邮件，附上了我的简历和研究成果，加上一个多月对研究计划的商讨，最终决定参加我导师的博士生入学考试。我完全不知道在这个过程中，中介能帮我做啥，而且我也没钱请。

人生支点越多　内核越稳

但我出于礼貌还是把事实告诉了他。于是，田力向我提出，将他儿子推荐给我的导师。

我问道："是和我相同的专业吗？"

他回答："不是，是学计算机的。"

我又问："这个……那您儿子的日语和英语水平如何呢？"

他说："他经常看日本动漫，不过这孩子很聪明，学东西一学就会。"

我接着问："那为什么要选择来我们学校留学呢？"

他回答："听朋友说起，然后在网上查了一下，感觉好像还可以。"

"好像还可以"……听他这口气，想必他儿子一定取得过不少研究成果吧。我便问："不知道您儿子有什么成果？"

他回答："参加篮球队打赢比赛这种算吗？"

我说："哇，您孩子一定身材高大、相貌英俊，有很多女孩子追吧，真是令人羡慕。但毕竟他不是我这个专业的，学习语言又太耗费时间，要不考虑换一所学校申请呢？"

田力一听就急了："周老师，我们做家长的这辈子含辛茹苦、任劳任怨，愿意把最好的东西给孩子。"关于他对孩子的教育方针，至少讲了 20 分钟。

"我在这个单位穷，一个月就五千工资，他妈也没有钱，没有办法给孩子未来。"针对他家最近遇到的困难，又讲了 10 分钟。虽然很占我时间，但多少还能共情。

关键的话终于来了。

"你能不能帮我把孩子弄进你们学校？只要你办成这件事，你就是我们家的大恩人，往后我田力的这条命就是你的。将来你要是有什么难处，我倾家荡产也会帮你，这辈子给你当牛做马都行。"

我内心毫无感动之意，默默地挂断了电话。

我不知道大家是否惧怕这种动辄发毒誓的人，反正我是真的挺害怕的。

即便我帮不了忙，让我给些建议、制订个计划还是没问题的。可你一上来就把我捧到"我们家的大恩人"这样的高度，要是我没能实现你的愿望，那我岂不是成了坑害你们家的罪人？

而且还有一个奇怪的地方，既然你知道有留学中介，为什么就不能花钱去找中介呢？这样既不需要当牛做马，也不用倾家荡产吧！

另外，要是你为了孩子什么都可以做，那你为什么不从现在开始把孩子培养成一名合格的研究者，然后去申请学校呢？

顺便一提，即便我看了十遍《水浒传》，也不会相信如果我真的帮了他的忙，以后我有什么事他会倾家荡产帮我，给我当牛做马。

最基本的一点，这几年来你都没有联系过我啊！

说话"信誓旦旦"的人，是我最不愿意来往的类型之一。原因就是，明明可以付诸行动的事，他非要发毒誓。这类人是语言上的巨人，行动上的矮子。

○ 喜欢发毒誓的人，心智不成熟

在咨询中，"为了××，我什么都可以"，这样的话我听过无数次了。

人生支点越多　　内核越稳

说这种话的人，心智都非常不成熟。

我不知道这类口头支票在其他人那儿是否有效果，还是仅仅对麻醉自己有效。他们说这句话的时候，难道不害怕吗？我只能这样评价说这种话的人：要么是为了欺骗别人，要么是认知混乱了，只能欺骗自己。

比如我的朋友村上（化名），他被女孩拒绝了以后，我安慰他说："那个女孩终究要回国的，你马上要去美国名校深造，她不适合你！"

村上立马就回答我："我可以为了她放弃去美国深造的机会，陪她一起回国。"

那时我真的很想发怒。

国家也好，学校也好，父母也好，培养你那么多年，为你投入了那么多，你也付出了巨大的努力，为了一段感情，你就要放弃前途，放弃研究？

你知不知道，有多少人会因为你的研究而受益，有多少家庭能被拯救？

不感动，姑娘也不会感动。你就空发个毒誓，为什么不去健身，学习穿搭，改变你的形象呢？

再比如，许多家长告诉我，自己为了孩子"含辛茹苦、任劳任怨，几十年如一日地牺牲和付出，就只想让孩子有个好的前途，他居然才考了这点分"。

"几十年如一日"这个词，我同样很反感。我真的不相信有人几十年如一日，从来没有过幸福的一天，每一天都在为了孩子牺牲和付出。

也许你会告诉我，这是种夸张的表现手法。

但提高孩子成绩，这真的不需要几十年如一日地任劳任怨，需要的是"几十年来，每天都有不一样的进步和思考"，家长明白吗？

○ 只谈当下，不谈未来

有个笑话是这样的：

古代一位勇士救了美女一命。如果勇士是个帅哥的话，美女会说：小女子无以为报，唯有以身相许。如果勇士颜值不太行的话，美女会说：小女无以为报，唯有身上少许盘缠，若是不够，只有来世当牛做马。

虽然好笑，但这个故事说明了一点：成熟的人，是明白"等价交换"的。想要获得什么东西，就必须用与之价值相等的东西交换，而不同价值维度的东西是不可以换算的。

而这个时候，谁使用虚拟物质来交换，那就真的是耍流氓了。

要想获得异性青睐，那就去提升魅力。要是不愿意提升魅力，一味强调"真心"，那就是在演独角戏。

要想让孩子成绩提高，那就得有很高的智慧，或者用钱去请智者来传授智慧，一味强调"亲情"与"付出"，那就是狭隘、自私和懒惰。

别谈未来，谈谈当下就好。

为什么常说这种话的人，通常都不幸福：

拒绝"极端思维"，保留"弹性支点"

○ **不要说"我绝对接受不了"这种话**

我时常被人问到这样的问题：

"老师，我接受不了我女朋友以前和别人有同居史怎么办？"

"老师，我没有办法接受异地恋乃至异国恋，我想要放弃，怎么办？"

"老师，我接受不了，我的对象每次在众人面前都喜欢吹牛出风头，常常把我置于很尴尬的境地，我想分手，怎么办？"

说实话，你完全有自由讨厌亲密对象的任何一种行为，但如果其尚未触犯法律规定或者道德底线这种刚性的东西，绝对不要轻易说"我绝对接受不了"这种话。

请注意，我并不是要你接受你讨厌的东西，而是想说，"我绝对接受不了"这种思维习惯，会很大程度上拖累你的人生。

这意味着，你这个人没有解决问题或者矛盾的能力。

相信大家也隐约发现了一个事实：当你在说这句话的时候，你以为在严正宣告自己的立场，但实际上，你会隐约发现你的权威感在消退。

比如，曾经有朋友让我去帮助他的孩子——他的孩子海外名校毕业，但是已经连年申请博士失败，希望我能给他提供一点帮助。

可是到了见面的那一天，朋友和孩子却因为口角差点打起来。在制定目标时，孩子给了我一个原则："我绝对不接受 QS200[①] 以外的学校，也就是说，我只考虑名校。"

实际上，他既没有足够出色的业绩，英语也说得不够流利，鉴于近期竞争极为激烈的状况，他的这个想法在一定程度上是脱离现实的。

不过我还是给他推荐了几个冷门国家的院校，但这几个国家普遍需要学第二外语。于是他告诉我："我是不可能去学第二外语的，这浪费我的时间。"

没办法，我只能告诉他，最近有那么几个学校 QS 排名上升很快，但是学费很贵，据说学校在买榜单上花了大价钱，我甚至听说，一条街租房子的全是留学生。他告诉我："我不可能去打工，更不可能降低我的生活水准。"

这一建议再次作废。其实到这个时候，我已经不想再提供建议了，毕竟我内心隐约怀疑，他是否真心求助。

---

① 指 QS 世界大学排名中位列前 200 名的大学。该排名由英国夸夸雷利·西蒙兹（简称 QS）公司发布，是国际上较具影响力的大学排名之一，常被视为衡量高校综合实力的参考指标。——编注

人生支点越多　内核越稳

我最后给他一个建议：选择一些比较冷门、学费低、QS 排名还可以的大学，比如日本的大学，也接受英语教学。

但这种大学不可能没有弊端，弊端就是延毕（延期毕业）概率非常高，因为毕业要求很严，再加上规矩非常多。毫无悬念，当我说出这个弊端时，我得到了"我不可能接受延毕"的回答。

他的父母在一旁听完所有的回答后，陷入了深深的绝望。他妈妈最后开口说："如果找不到合适的大学申请博士，你可不可以先凭着名校硕士学历，去一个英语补习机构上班，然后慢慢申请？"

他说："我放不下面子，我一个海归硕士，怎么能去那种地方工作？"听到这个回答，他的父亲非常生气，立马站起来要教训他，被我劝住了。

我给大家一个建议：如果你想在生活中取得成功，你就必须尽量少使用"我绝对不接受"这个语句。这不是说你没有拒绝的权利，我让你这么做，恰恰是让你尊重你拒绝的权利。

你拒绝一个东西，本质是对自己的一种尊重，对自己某种信念的贯彻。为了对得起这份觉悟，你就必须在其他方面做出牺牲。

上述标准几乎是一个人是否能适应社会的标志。如果你这也不接受，那也不接受，那就会从侧面证实，你根本没有接受什么东西。进一步说，你几乎没有严肃地走在任何一条基于现实的道路上。

如果遇到你不喜欢的东西大量且频繁地出现在你面前的情况，你可以理解为这是上天赐予你的某种教育。好比，当你难以去选择某样东西时，社会便会让你清楚地认识到，究竟何种东西是你最为厌恶的。

○ 幸福公式：解决问题的能力 > 问题

幸福是有公式的，那就是：你解决问题的能力大于你现在面临的问题。

换一种理解就是，你能接受出现在你身边的一切东西，并能很好地处理与它们之间的关系，这就是幸福。

如果你是王侯将相，拥兵百万，但处理不好和部下之间的关系，你就会每天活得战战兢兢，生怕晚上被人抹了脖子，这样的你极其不幸。

如果你是一个拉面店老板，虽然只有一亩三分地，但只要你的拉面有口皆碑，你只需要开店，一早上就可以赚够一家的生活费，就有时间陪孩子放风筝去了，那么你就是幸福的。

而这里面的关键要素就在于，你愿不愿意基于你现在的处境，花费时间去学习过上相应生活的方式。

你必须清晰地知道一个事实：以你脆弱的凡人之躯，在无常的命运面前，你能坚持的只有极小一部分而已。

剩下的部分，你必须在提升智慧后，慢慢地扩张，从而慢慢地享受。但遗憾的是，即便你聪慧绝顶，你能享受的东西，在人生的总量面前都是微不足道的。

比如上文所说的孩子，他就必须下决心在学费、排名、学业难度等因素中选择一个自己最看重的因素，排除掉一个自己适应起来最困难的要素，然后他才能真正走上修炼之路。

以海归硕士为例子，他如果修炼得足够强，可以不在乎学校排名，因为他有足够的业绩傍身，可以宣传自己；他可以不在乎学费，因为有过硬的专业能力，可以在市场里"卖"个好价钱；他可以不在乎学业难度，因为他有极其自律的作息和谦虚的态度，

　　　　　　　　　　　人生支点越多　　内核越稳

他总能得到贵人以及前辈的指点。

为此，不管在什么环境下，他都可以更多地与他人达成合作，将自己富足的资源给予对方，进而换取自己所需之物，诸如金钱、亲密关系、时间等等。

所以，当命运硬性把某些东西摆在你面前时，本质上你是没有权利完全拒绝的。

可以说，正是因为你以前逃避了这种修炼，导致你在人生的某个方面出现了不足，而这个不足必须用某种方式解决，你人生的发展才可以继续下去。

名人传记里常有这种情节：娇生惯养的妻子一定会面临潜在小三的挑衅，一向怕鬼的书生总是会被狐妖纠缠。

你要知道，如何接受一些不太理想的结果来达到原本的目的，继而制定一些更加复杂的战略来解决问题，从而变得自强和独立。

这就叫"有容乃大"。

为什么我总喜欢让自己沉浸在痛苦中：

用"意义挖掘"转化"痛苦支点"

○ 有痛苦，才有快乐

有一位朋友至今仍深陷痛苦中，无法释怀。高中时期，他向心仪的女孩表白，却遭到了拒绝。没过几天，他便目睹那个女孩与一位体育生走到了一起。据他所言，没过多久，体育生就出轨并与女孩分手了。

这件事给他造成了极大的心理创伤，这道伤痕甚至存留到了32 岁。自 20 多岁起，他就难以开启一段亲密关系，始终对这件事念念不忘。他心心念念着有朝一日自己能年薪百万，然后重新追回那个女孩，再狠狠将她抛弃。

他很努力，现在已经年薪五十万了，但他始终没有行动，只是一味地痛苦，几乎每天都会回忆起自己的这段创伤经历。

人生支点越多 　内核越稳

"为什么我总是走不出这段经历呢？"他多次问过我。

因为无论好的痛苦，还是坏的痛苦，从来都不是人类的敌人，甚至可以说，人类伴随痛苦而生。

知乎网友 Hero 在网上写道："我渴望得到痛苦，好像已经习惯了沉浸在痛苦之中，以其来反衬那些微不足道的快乐。没有痛苦，就制造羁绊，制造悲伤；没有黑暗，就关上灯，制造失望。我用实际行动，去把刺扎在心里，好像没有痛苦，人生就失去了意义。明明已经开始自由、无拘无束，却又渴望不断反刍，压抑欲望。一盏昏暗的灯，亮与不亮都无所谓。一个不眠的夜，睡与不睡又能如何？没有眼泪，丧失波澜。没有苦难，也就丧失了快乐。没有快乐，也就丧失了苦难。"

实际上，这位网友已经隐约知道答案了。

人们喜欢沉浸在痛苦里，有一个很重要的原因——痛苦有一个副产品，那就是快乐。

是的，没有痛苦，就没有快乐；没有快乐，自然也就没有痛苦。快乐的本质是，当引发痛苦的问题被解决时产生的一种发自内心的畅快感和解脱感。

所以，你不能通过回避痛苦来获得快乐，你只能通过贴近痛苦、认知痛苦来获得快乐。痛苦的本质是，自然界用一种你认知上难以理解，但情感上可以接收到的方式告诉你，你现在这样是不对的。

可以说，这是埋藏在人类进化机制里一种非常独特和有效的提醒机制。

一个人要是没有足够的经验和认知，很难知道自己是错的。所谓童年时期的快乐，很多仅仅是因为缺乏对外界风险的认知才感受到的，因为这些风险多数时候被家长承担了。

痛苦，或者你可以把它称作"社会的毒打"，其实是一种非常高明的智慧。可以说，自然界是以一种你当年不可能理解的方式指给你某种进化的方向。

人是一种喜欢舒适的生物，无论多么伟大的人物，如果缺乏痛苦，都是不会改变的。

当你所处的环境、过去的经历、个人的特点、时代的变化，共同构成了一个庞大的演算系统时，你处在这个系统里，就会收到系统的警告，系统会逼你改变。

所以，人喜欢痛苦，是因为痛苦背后有某种人生的意义。

只不过人还有另外一种保护机制：人可以使用一些方法缓解痛苦，避免痛苦太过强烈，从而导致人精神崩溃。

但是当代人太依赖这个机制了，任何一点痛苦都需要缓解，这会产生极其强大的虚无感。

比如，一个人的异性缘很差，他就喜欢玩一些恋爱游戏，或者看一些女生主动献爱心的短视频，做一个"头上长着摄像机的男人"。

这种做法除了缓解痛苦以外，什么意义都没有。实际上，孤独的痛苦是逼着你学会社交技能，逼着你学着理解异性。

就比如前文那位沉浸在白月光里面的朋友，他在用一种无意识篡改记忆的方式，来感受自己的青春。虽然那个时候他失败了，但那个时候的他依旧是有力量、有希望的，他在怀念这种感觉。

○ 痛苦，让人成为强者

为什么有的人在痛苦中成长了，有的人却停滞不前，反而被

人生支点越多　　内核越稳

痛苦击垮了？

一个关键的原因就在于，痛苦只能告诉你，这件事错了，却没有办法告诉你，到底在哪个环节错了。于是，这个时候痛苦就会有某些好处。

第一个好处是，痛苦让一个人变得独特。

在潜意识里会有这样的想法：一个独特的人，必然会遭遇一些常人难以碰到的特殊经历，而这些经历通常是常人所无法理解的，所以才会痛苦。

痛苦在此刻，成为一个勋章。

因此，我潜意识里面总是讨厌那种"少年情感悲剧"，比如自己当年和校花校草，因为什么原因没有在一起，最后抱憾终生的故事。

这种故事和电视剧太像了，而且我明白，很多时候电视剧是不切实际的，剧情构成就是为了讨好观众。但架不住很多人讲着讲着自己就信了，于是真的活成了悲剧主角。

痛苦的第二个好处，那就是显得自己很努力，仿佛自己不应该被责备。

家长特别喜欢用这种夸张的表达："我为什么累死自己都教育不出一个自律的孩子？""为什么我头发都熬白了，还是看不到你的一点进步？"

而孩子无意识中也学会了这种策略，即我必须表现得痛苦，才显得我没有在偷懒。

于是，有了点成绩也难以开心，忍不住要去和更强的人比较，仿佛只有站在歧视链的顶端，才能真正感到平安，永远一脸紧绷的样子。

以上方式，不会让你变得强大，本质上和刷视频、打游戏没有区别。因为脱离现实的东西，不会让你成长。

痛苦的最后一种好处，叫作逃避责任。

人很多时候的痛苦，不是源于生活的毒打，而是源于生活其实对他很不错，他却觉得生活在害他。

开始是想逃避点责任，觉得既然自己没有占到好处，自然也就不用付出。这种小聪明，自然界不会没有应对机制。于是过不了多久，人对现实的期望就变得很高，逐渐陷入一种虚假的痛苦里。

如果你真的想成为强者，请先从承认自己正在享受生活开始，否则你很难坚持去做那些有意义的事。

还是那句话，如果让我选，我不愿意过那种什么都不用做，就有一堆美女对我投怀送抱的生活。

我更愿意选择这种生活——不断地被辜负、被误解，直到有一天，我修炼成一个爱的高手，只要我出现在你身边，你便有了希望。

人生支点越多 内核越稳

我漂亮有钱无孩，但为什么还是有生存焦虑：
用"能力成长"补充"外在支点"

○ 生存焦虑与应对风险

一个女孩如此提问：我无负债，无不良资产，工作有前景，外形姣好，无孩，父母层面无负担，为何还会有生存焦虑？

因为抵御死亡，最为有效的方法是：具有应对风险的能力，而不是具有良好的先天条件或者没有后天的负担。

再通俗点来说，你是因为足够强才活在这个世界上的，不是因为你囤积了很多资源，并且消耗很低。

你内心深处是知道的，也许明天世界就会陷入无边无际的暴风雪，你的资源很快就会被抢走，哪怕你很能挨饿，也无法坚持一个月不吃饭。而那时，能在暴风雪中打猎，甚至能在暴风雪里建造能量塔的人，才是最强的人。

你很漂亮，这是一个其他人梦寐以求的优势，你能与更多的人结缘，但不可避免会有很多的人贪图你的美貌，时刻准备算计你，继而得到你，还有可能得不到你就毁灭你。

强大的美人有两个分支。一个是美貌和智慧并存的，这样就可以凭借美貌放大技能带来的优势，超越同技能水平的人。一个是引诱那些算计你的人的，将计就计把他们吞噬掉。

你很有钱，你可以拥有别人想都不敢想的体验，但正如董宇辉所说，很快就实现的愿望会空虚，你会非常劳累，而且会卷入很多非常危险的冲突之中。

强大的有钱人是这样的：因为你有钱，所以你有足够的勇气做一些新的尝试，而恰好这些尝试中有一些会带给你巨大的回报，有一些会带给你深刻的教训，这都是非常值得的。得之坦然，失之淡然。

所以大家能隐约意识到，真正强大的人是有某种内核的。

有钱、有颜、有权、无孩都只是一种状态，一种状态是不能让人感受到安全的，哪怕这个状态是资源充足的状态，你都必须接受一个基本的事实：

人是随着环境变化的，用有钱、有颜来支撑你的整个人生，那就显得太单薄了。

○ 找到你的核心优势

这种强大的内核，要怎么获得呢？

你需要一个职业，你需要在职业生涯形成的过程中，找到自己的核心优势，与社会的其他人交换，即可持续稳定地获得收入，这便是真的安全。

人生支点越多　　内核越稳

你是一个达到15级的战士，这个时候有三本秘籍放在你的面前——《高阶旋风斩》《寒冰箭》《艾泽拉斯大陆怪物图鉴》，你会选择哪一本？

可以说，正是这种选择决定了你下半辈子的命运。

在现实中，大部分人选择的是《寒冰箭》。我们可以在各大平台上看到这类博主：很漂亮，学历又好，唱歌跳舞做饭无所不通。

如果长期关注这些博主，你会发现，他们很难长时间保持这种状态。而且一旦自媒体流量下降，这些博主就会放弃更新。

相反，那些从一开始就一直打擦边球，或者做科普的主播，很多成了顶流。

所以，你需要明白：拥有很多初级技能，不如拥有一项高级技能。

"无负债、无不良资产，工作有前景，外形姣好，无孩，父母层面无负担"，宛如一个战士精通初级寒冰箭、火球术、旋风斩、初级治疗术。

无论是面对怪物还是在冒险者公会，这种人都没有高阶战士、高阶法师吃香。但有一个好处就是，要是拍视频或者吹牛的话，有这么多技能就会显得很厉害。

○ 选择你的命运

大众往往喜欢追求"看起来很厉害"，而学习高阶技能所需要的精力往往是学习低阶技能的数倍，很多还需要扎实的基本功做支撑。

因此当你选择罗列你的优势的时候，你的信心和勇气是不足的。

如果你问我，喵大师，你是干什么的，我回答你，我是一个写字的，这说明我没有活明白，哪怕很多人都将这个说法视作谦虚的象征。这种回答里，缺乏一个对于人而言必要的东西：选择命运的能力。

一个正确的回答是：我是一个学者。

我不会回答我是一个"百万畅销书作家""公共卫生领域优秀研究者"什么的，这些头衔不过是我职业的一种过渡态，说实话意义不大。

我已经选择了我的命运，我的命运就是发现知识、传播知识。

我的受众就是需要知识的人。我的受众无论在什么情况下都不会消失，于是，我可以从我的受众那里获得报酬。

那么剩下的问题就简单了。

我如果想要得更多，那我提供的服务，也就是我的知识，必须足够有效且能帮助到别人。为此，我需要学习文字表达，学习哲学以提出我的假说，学习概率论以验证我的假说，学习数据编码以撰写实验程序；改造我的外形，让读者相信我的自律。

你们可以发现，这一切围绕着某个主线任务展开，我的技能在这个主线任务中逐渐变得充实，继而我前方的道路也就变得清晰起来。

我可以随着环境的变化，提供当前大众所需要的知识，因此我不受时代变化影响。

我只需要一台电脑、一张桌子、一点口味清淡的食物就足以完成这个任务，我不需要研究经费的支持，不需要图书热卖来激励我，不需要论文发表来证明我。

人生支点越多　　内核越稳

我选择了我的命运，我不为传播知识而生，但我为传播知识而死。于是我就能找到平静了，只要生命还在继续，我满足受众需求的能力就在增长。

只要"想要获得有效改变人生的心理知识"这个需求还存在一天，我就能存在一天。哪怕我肉身消灭，我写的东西还存在，我就依然活着。

穷则独善其身，达则兼济天下，足矣。

如何做一个情绪稳定的人：

给"情绪管理"安上"理性支点"

○ 定义自己并不委屈

有一个读者有这样的提问：

"喵大师，我关注你已经很长时间了。你说过的一些话，我摘抄下来设置成屏保，用来激励自己很久了。最近我有一个困惑，我觉得自己不管是激动还是委屈的时候，总是忍不住流眼泪。到底要怎样才能控制住自己的泪腺呢？尤其是在面对离别的场景时，我根本受不了。我看我老公在这种情况下就不会流泪，男生是怎么做到控制住情绪的呢？有时候眼泪流出来的时候，我会在心里对自己说，这样太没出息了，又不是什么天大的事。可即便如此，眼泪还是不停地流。"

首先，激动就流泪这件事不需要控制。要做到泰山崩于前而面不改色，除非你经历过非常多的人生起落，体验过非常多的人生绝境，这些独特的经历使得你对大部分的刺激失去了新鲜感。

这已经进入圣人的领域了，作为凡人的我们不需要修炼。

但是委屈就流泪是有办法解决的。办法也很简单，那就是：你定义自己并不委屈就行了。

请原谅我总用自己的经历做例子，这是为了帮助大家理解。实际上，一个人不应该老是提自己，这显得有点傲慢，但我用朋友的例子，则需要别人授权。

有一次，我被出版社领导猛烈批评，而我自我感觉非常冤枉。

我一直在帮助几家出版社推进一项业务，那就是把国外具有先进理念的心理学书籍引进到中国来。我先阅读，然后选出有价值的书推荐给出版社。接着，出版社自行联系作者、联系翻译，翻译好了的书籍，我以专业人员身份阅读一遍，确认无误后出版。

有一本书的译者是我推荐给出版社的，是某大学的老师，结果他的翻译工期超过了原本预计的时间。

我问译者，他说，这件事他交给自己的学生负责了，他想锻炼下学生，但学生一直没有交稿。

我说，时间来不及了，让他把学生的联系方式给我，我看学生干了多少，剩下的我来翻译。

联系到学生之后，学生当场就对我发火了。他说他学业繁忙，没有精力负责这个事，是老师逼他的，这是一种PUA，我再多说一句立马告我。

而老师可怜巴巴地说，因为这个学生很努力，他想培养一下他，一开始问的时候他答应了，后来就变卦了。

我联系出版社，让他们再给我一点时间，我从头到尾全部自己翻译。

出版社领导说不行，合同上写的译者不是你，并且这么匆忙难以保证质量，事到如今只能跟日本作者道歉，重新规划出版日期，重新找人翻译。

那天，我被出版社领导骂了一个多小时，他情绪完全失控，完全没有以往那种对我的尊重。

如果说委屈，当时我是真委屈，学生、老师、领导，全部骂我，仿佛我是唯一的罪人，别人一点错都没有。

○ 被更多的人托付、信任和投资

我换了一种想法。

也许，这里面可能真的只有我有错。

你可以这么理解：我要推进文化和学术交流，在一个全新的领域中探索，带着很多人一起在山洞里摸黑行走。

但这不是他们原本的轨迹。

学生就应该以学业为重，翻译对他来说是额外任务，万一他当时答应老师是一时热情或者顾及老师的面子，那么，这件事过后，他应该能有所成长。

老师呢，想培养学生无可厚非，尤其是现在，选择自保的老师实在太多了。这不是他的工作，他是看在我的分儿上，顺手帮我个忙。

因为我的协调不充分，给出版社造成了麻烦，我至少应该每个月去找译者确认下进度。当然，我没这么做是因为我只当自己

146 　　　　　　　　　　　人生支点越多　　内核越稳

是推荐书的人。

这就是委屈产生的原理：当进入一个新的领域或者一段新的关系时，你生活的轨迹和遵守的规则变得不一样了。你觉得你承担了不属于你的责任，承受了不应施加于你的指责。

解决这个问题有两个方法。第一，你立马退回到你原本的领域里，这样就会安全。但缺点也很明显，你会失去来自新世界的礼物和奖赏。

在引进书籍这件事上，如果我只当自己是推荐人，那么我自然没有资格居功，认为自己为文化交流做了贡献。我发起的冲锋，我就有责任带领大家走到底，哪怕这里面有着极其复杂的人际运算，有机会学会这些运算本身就是对我发起冲锋的额外奖励。

还有一个你从现在起就必须理解的客观事实：人生是一个不断进入新世界的过程，你逃不了。

你害怕两性关系，你决定不结婚，你觉得成功避免麻烦了吗？不是的，"不结婚"这个选择，只是另外一个考场，你要是考不好，照样痛苦。

世界没有给你留在原地的权利，在这个世界上，一切都是在变化发展的。世界潮流浩浩荡荡，顺者昌，逆者亡。

所以，你只能选择第二个选项：不委屈。

我坚持不委屈，不管对方如何对我，我都不会感觉到羞辱，感觉到被欺负。准确点来说，你只可以通过消灭我的肉体来实现对我的消灭。否则仅凭语言，不管有多少人，不管话有多么难听，不管高举多么正义的旗帜，不管对方和我是什么关系，都是侮辱不了我的。你觉得你委屈了，这是我的错，那好，这只不过说明了你不想承担这部分责任，没有问题，我接手。

你没有错，承担超越你能力的责任，是对这个世界的不负责，我接受你的理由。

所以，你在用语言侮辱我的时候，实际上你是把一场试炼转移给了我，你也自然把通过这场试炼可能赢得的报酬让给了我。

我接受，这种因为探索未知所导致的混乱总要有人解决，与其是别人，不如是我。

有趣的是，如果你坚持不委屈，就会被更多的人托付、信任和投资，因为你不是一个有风吹草动就自我放弃的人。

于是，你真的可以在客观世界里，大大减少委屈的次数。在一个承担一切的英雄面前，人们本能会产生一种"要不我再多承担点"的冲动，为此他们会倾向责备自己。

相反，你要总是哭诉自己遭遇了不公，你很容易遭到千夫所指甚至被周遭人放弃。

因为人本质上是没那么坚强的，他们本能选择依赖更坚强一点的人，放弃有可能拖累自己的人。

人生支点越多　内核越稳

这两个字，毁了许多人的一生：

别让"可是"摧毁"行动支点"

○ 摧毁人希望的"可是"

知乎有一个热门问题是这样的：一个中年男人最大的悲哀是什么?

有一个回答是一位妻子说的，她说她的老公肉眼可见地变胖和邋遢了，对任何事都失去了兴趣，身上甚至有老人臭。

她让老公去找一项业余爱好，老公说：可是我没有时间。

她让老公多抽点时间陪陪孩子，老公说：可是孩子不喜欢我。

她让老公想办法打理一下自己，老公说：可是我这么大岁数了，还有什么意思。

妻子实在忍无可忍，从此再也不打算对老公提要求，因为她不想听到那句"可是"。

没错，很多人的一生就是被这个"可是"给毁了的。

以前我认识两个博士生 A 和 B，刚入学时两人水平差不多，B 还是跨专业的。

但三年后，B 顺利入职 985 大学，而且刚进校就给了编制，原因不仅仅是他的科研业绩很多，更重要的是他参与了众多大佬的纵向课题。毕业时，他得到了学者的推荐。

而 A 呢，三年后面临延毕，准备用抑郁症威胁导师让他毕业，但导师不吃这一套，导师的意思是，如果达不到毕业要求，就坚决不给毕业。听说因为延毕的事情，家里闹得很凶，他甚至打算退学。

造成这种命运分水岭的，是一件小事。

有一天，导师的研究遇到点问题，论文被拒稿了，需要补充一个实验。他叫来 A，让他想办法解决。

A 当时的回答是："可是编程软件里没有这个功能啊！"

导师大怒，命令他想尽一切办法解决这个问题，A 当时就非常委屈，四处抱怨导师强人所难。没多久，导师就听说了这些抱怨，把 A 给放弃了。

于是导师叫来了跨专业的 B，同样让 B 想办法解决这个问题。

B 当时的回答是："编程软件里没有这个功能，不过也许我可以试试自己写一段代码来搞定。"导师一听就笑了，因为他们不是计算机专业的，自己写代码实在是耗时耗力。

导师打算自己想办法，但是一周后，B 还真写出了一段代码，虽然还是不能解决问题，但是有一点盼头，他祈求导师给他宽限一点时间。

导师本来都想放弃这篇论文了，听他一说，立马让他去请教

人生支点越多　内核越稳

隔壁计算机系的一个教授。又过了一周，计算机系教授研究室的一个师兄完成了这段代码，解决了问题。

没过多久，导师就不怎么指导 A 了，因为对于导师的任何方案，A 都会有借口表示不行，很快导师就失去了耐心。而 B 呢，不管导师说的方案有多难以理解，他都会去试一试，自然得到了导师的青睐和资源倾斜。

甚至有一次，A 说："可是这个不行，不信你自己来试。"结果，导师自学三天某软件后，发现完全可以解决问题，那一刻他心灰意冷。

这就是"可是"这两个字的摧毁力，这种思维习惯在无形中让你变得绝望，让你被社会抛弃。

○ 任何时候，选择"最大成果导向模式"

"可是"这种思维习惯是当代人常见的一种思考模式，我称之为"最省力模式"。

这种模式的特点就是，花最小的力气，得到最大的效果。

选择这种模式，自然经常会需要做一个判断："我付出额外资源，来达到新的战略目标，到底值不值得？"绝大多数时候，大脑都会自发地回答："这没有必要。"

因为大脑无法判断"新的战略目标"到底有什么价值，但大脑却对"付出额外资源"极其敏感，对此大脑特别倾向于放弃。

于是，大家就经常会听到"可是"这两个字。但是，这是一种会将你人生导向失败的思维习惯。

为什么呢？因为"行百里者半九十"。一件事你做了百分之九十，其实你只能算完成了一半，更何况你才完成了百分之六十。

一个大家难以觉察到的事实就是："最省力模式"其实非常不省力，因为你几乎每天都在被逼着做选择。

课有点难懂要不要上，能不能学得进去，会不会考，考了能不能及格，及格了能不能毕业，毕业了能不能找到工作，找到工作了能不能娶到媳妇……

你要是选"最省力模式"，你的大脑每天会被这些东西逼到死机。你本该用来克服困难的时间和精力，都耗在了这种无意义的空想当中。

本质在于，这些所谓的"选择"，你根本就不可能"选对"。你不是一个全知全能的神，你不可能预知一切变化，自然界也不允许你有这种企图。

所以你浪费时间选出来的"最省力答案"，会是一个毫无疑问的错误答案，不仅选错，还浪费了你宝贵的青春。

但人类为什么喜欢这种"最省力模式"？

因为下决心去克服困难是一种勇者行为，许多人喜欢躲在"做选择"中，以逃避艰难任务并且免受责备。

"可是"背后的理由，除了你自己，谁都不能说服。

如果你想知道怎样以最小的力气考到 60 分，那么前提是你得具备考 100 分的能力。

正确的思维模式应当是"最大成果导向模式"。

例如某部在日本热播的动漫，其作者几乎犯下了长篇漫画创作过程中所有可能出现的错误，或许是作者在漫画创作中期思维有些混乱了。在漫画里，前期铺垫得极为强大、深不可测的某个

人生支点越多　内核越稳

角色，刚登场没多久就被轻易秒杀。

作为一个主角，他的成长几乎融不进主线，人气基本上被正方最强的一个角色给抢走了。结果到后面这个最强角色被腰斩为两段，读者一下子接受不了。

但是作者没有停止更新，他几乎用尽了一切手段去重新编排故事，使得漫画人气回暖，因为大家都猜不出，下一步到底会发生什么。

在这种思考模式下，人类会大大减少选择的次数，能最大化自己的成果，并且能在不断的挑战和修炼下，成为某一行的专家。

在这些人眼中，一开始的选择对不对并不重要，只要功夫到了，不论有多么糟糕的开局，他们都可以在后期玩出花样来。

自古以来，这些人就是人类精神的支柱。

这个世界上最强的人，是选择将错就错的人。

有种情绪毒药，每天都在把人逼入抑郁：
用"小步成长"替代"完美支点"

○ **超级完美的自己不存在**

前段时间我写了一篇文章，大意是一个人遇到困难或逆境时，不能归因于外界是邪恶的、糟糕的，这会逐渐让人染上绝望，我们需要一点积极归因。

一位读者问我：那这种思维是否需要建立在强大的自我认可基础上？与"我不够好""错总是在我"的自我归因导致的不自信和抑郁有什么区别吗？

"别担心，一切都会好的，你只需要自信点！"这句话很让人舒服吧？但实际上，这句话的潜在意思正逐渐把人逼得抑郁和不自信，而我的读者敏锐地意识到了这一点。

"错总是在我""我不够好"的自我归因有两种截然不同的

人生支点越多　内核越稳

思维模式：希望模式和绝望模式。

遗憾的是，这个社会上流行的绝大多数是绝望模式，其特点是：人们心中有一个超级完美，或者远超现有实力的强大的自己。

人们总是无意识地觉得，自己肯定能解决当前遇到的麻烦，因为自己本身已经具备这样强大的力量了，这一次遇到麻烦，只是自己没有发挥好，又或者自己"太善良"，导致了不正常的低水平发挥。

换成大家从小到大一定听过的话："你其实非常聪明，要是再努力一点，一点能达到你的目标！"

说这句话的人原本是善意的，但是他完全不知道，他在向听者植入一种逐渐将其逼入绝望的思考模式。因为真相是，那个强大的自己，是不存在的。

是的，那个总觉得对不起他，总对他感到羞愧、产生罪孽感的完美自己，是不存在的。

原本你考了90分，老师说你太粗心了，本来你该考100分。你一开始听到这句话时是开心的，但是没多久，你就开始被这句话伤害，你得出结论："其实我还是不努力，不是吗？我居然没有考100分。"

接下来的一个月，你加大学习的力度，却把身体搞垮了，加上运气不好，结果只考了85分。

那一刻，你的自我遭到了重创。

这样的经历不会只有一次，你越在内心全方位建立那个"强大自我"，就越是被现实否定。这一次又一次的否定和毒打，本意是让你改正这种傲慢。但你意识不到这个问题，于是你的精神一次又一次被腐蚀。

"可能我真的达不到那个水平吧，随着我的年龄增大，随着周遭的环境逐渐恶化，我的力量已经不可能再达到当初的巅峰了吧！"

摧毁一个人的精神，不需要世界遍布黑暗，只需要这个人认定，他的一生只可能走下坡路，就足够了。

绝望，是人类难以忍受的一种巨大煎熬，不管你目前有多么富有、多么貌美、多么高贵。

○ 人生是靠"有质量的失败"堆起来的

但你们有没有想过，那个强大的自己其实是不存在的，甚至是不需要的呢？

人活在这个世上，本质不需要强大，我自己也是如此。

在日本开展研究，需要交一份伦理申请，由于审查非常严格，博士们在公开和私下都早把审查人员骂了上百遍。

我第一次交上申请后，改了半年，我蹩脚的日语被审查人员多次指出，审查意见下来时，我仿佛被公开处刑。

我写的"我的导师非常努力"成了一个经典笑话，因为在日本文化里，学生不可以形容老师是"努力的"，这个词只能老师用来形容学生。

两年后，我再次递交伦理申请，审查人员只提出了几条小意见。审查意见下来时，我非常高兴，因为这是我多少个日夜研读规章制度、学习语法所形成的结果。

我不需要论文发表，也不需要审查人员给我点赞，看到这种"努力形成的结果"，我就由衷地开心。尤其当我再听见朋友们抱怨伦理审查严格时，我只会微微一笑。

这便是希望模式的特征。

从来都不存在那个 100 分的自己，我所有的一切都是从 0 分开始的。

不管我考了 60、70、80 分，我都开心。因为我要是不考，我就是 0 分。我只要去考试，我必定有收获。

我每次定义"错完全在我"时，由于大脑中没有高水平的自己，我的精神不会受到鞭笞，我反而会产生一种隐秘的爽感。"这下事情变得有趣起来了！"

接着我会立马发起挑战。

挑战根本不需要成功，如果挑战失败了，我会惊讶地发现：这居然都没事。

当然没事了，因为人类社会是足够强大的，它能承受相当程度的荒谬，甚至能允许你前半生活在梦中。

比如，我导师带了那么多留学生，他早就不介意蹩脚日语的冒犯了吧。

或者我的定义里根本就没有成功，成功如果指的是一件事情做到了完美，那么这么无聊的事情，我不想参加。

你的人生从来不是靠成功支撑起来的，你的人生从来都是靠"有质量的失败"堆起来的。

你只要这次失败比上一次失败的姿势更潇洒一点，就足够了。

你乐在其中，在你无数次发动冲锋结果被杀得片甲不留后，迟早有一天，你会练成一个身经百战的老兵。

如果把时光倒退回五年前，你会惊讶地发现，这就是心中那个强大的自己。只是，五年后的自己是不会骂你不努力的。

戒掉情绪，只会毁了你的人生：

让"情绪流动"成为"健康支点"

○ 和情绪做朋友

知乎上有人提问：你认同"我们应该把情绪戒掉"这句话吗？你如何与自己的情绪相处？

对于这样的问题，我已经表达过无数次我的观点了，那就是：高手戒掉了情绪，真正的高手是没有一丝情绪波动的。

按照这种处理事情的方法，你很快会发现，你什么都做不了。

比如，婚姻很麻烦，要不我们不要结婚了。这多少还算个人自由，但是你紧接着会发现，上班也很受气，要不我们就不上班了吧。当然，如果你是"富二代"，或者有爱你的人愿意为你付出，这自然也可以。

不过，你很快就会发现，不上班的日子其实很无聊。游戏很快就玩腻了，而烟酒会拖垮你的身体。那么接下来你自然就感觉到，一切都是无意义的。

这就是当代人"放弃一切"背后的逻辑：你因为讨厌一个事物的坏处，所以选择放弃它。实际上，你走上了一条什么都选择不了的道路。

所以大家会发现一件矛盾的事，那就是："我们应该把情绪戒掉"这句话，其实非常情绪化，仿佛遇到困难就想逃跑的孩子。

我想告诉大家，你没有资格拒绝情绪，更不能完全消除情绪。

当然，情绪有正面情绪和负面情绪，我知道大家更想消除的是负面情绪，例如恐惧、焦虑、绝望。

只要活在世界上，你就不可能不恐惧、焦虑、绝望。

因为这个世界有极强的随机性。你真的不知道明天命运会给你带来什么，无论你准备多么充分，也没有办法完全避免某些事情的发生。兴许某一天，某种完全不可思议的事就会发生在你身上。

你可以理解为，这就是这个世界的希望，一切皆有可能。正因为如此，你永远都不必绝望。

这种随机性，自然会带来问题。比如，我 35 岁失业了，怎么办？我就快被爱人抛弃了怎么办？校园霸凌发生在我孩子身上怎么办？我最近有点不舒服，会不会是得了什么重病？毕竟我小时候喜欢的一个明星已经去世了。

我可以坦白地跟你说，以上皆有可能。但换句话说，你明天升职加薪，一夜暴富也照样有可能。

因此，无论你多么强大，恐惧、绝望都不可避免地伴随着你。

不恐惧、不绝望本身不能靠累计资源变得强大、拥有高地位来实现。因为你担心资源被夺，担心别人背后捅刀，照样是一种难以忍受的折磨。

正确的情绪管理策略从来都不是戒掉情绪，而是学会和情绪做朋友。

○ 掌控情绪，从来不靠忍

既然人世间充满了无常，我们应该怎么样去对抗害怕"一夜回到解放前"这种焦虑呢？

我个人的做法是：尽量留下我活着的痕迹。

既然人生注定生不带来、死不带走，那唯一体现我活过的方式，就是留下痕迹。这跟亲人去世后要悬挂遗像、名人去世需要树碑立传，是一个道理。

但是我很渺小，我并不指望我能有什么伟大的功业，能够让别人记住我。

我换了一种方式，我决定让大家记住我的理论。

你只要在任何感觉到绝望、痛苦、无助或自卑的时刻，能突然想起我的言论，继而发生一点改变，我就心满意足。

有一个读者在我的文章下这么留言：

"突然明白为什么我与世界格格不入，又突然清楚为啥不成功的底层原因了。一是能够感知喵大师说的成功背后所付出的代价，但是不明所以。现在这么一说，就知道恐惧的对象是什么了。二是一直想英雄造时势，也被点破了，应该是时势造英雄。基于以上两点，我变成了一个不愿调整自己圆通地处理事情，只会一厢情愿地批判别人的人。读此一文，愿从今往后，以身证道，一生无悔。"

人生支点越多　　内核越稳

看完这则留言，我很感动。我可以坦诚地说，这一刻，我们消除了彼此的恐惧。

我能够断言这位读者会取得成功，因为他切实从最根本的思维层面着手，选择改变自身，而这无疑需要极为强大的意志力。

请放心，像这般消除了内心的犹豫，以亲身实践去验证真理的姿态，能够极大程度地节省心理能量，而这些充裕的心理能量便足以保障其衣食无忧。

实际上，大多数人未能成功的另一个关键原因，是由信念系统的混乱所引发的情绪内耗。一方面，你知晓世界的真实运行规则；但另一方面，你又受到本能的操控。所以你人生前半段的大多数行动都是徒劳无功的，因为它们无法连贯形成一个完整有效的策略。

"以身证道" 具备极为强大的感染力，哪怕你最终一事无成，长期坚持不懈、心无杂念地专注于一件事，也会极大地鼓舞你周围人的士气。

所以，其实我不需要读者给我打赏，我也不需要大量的人气来支撑我的自信。如果我能撬动某个读者的命运，然后借这个读者的力量，给其他人带来希望，这就是我最大的财富。

你要是在我的理论之上，通过自己的悟性形成一套更完美的人生观，那就更好了：我就是你，你也就是我。

在我这里，这是一种比获得权力、地位、美色还要过瘾的事情，我希望你们也能尝试一下。

我从来不恐惧，不是我压抑了恐惧，而是我知道了恐惧背后的原因，我使用了某种方式对抗这种原因，这是正确的情绪处理方法。

所以，掌控情绪，从来不靠忍。

第

4

章

亲密关系支点

多元互动，

让情感不依附

"第一印象"在亲密关系中重要吗：

别让"初见标签"成为唯一支点

○ **拔高自己给人的第一印象，是给亲密关系埋雷**

良好的"第一印象"在亲密关系中是一个敲门砖。

别人是否愿意跟你深交，乃至最后能否与你建立亲密关系，都是有一条基准线的。如果你达不到这条基准线，那么就会失去之后和对方互动的机会，这条基准线就是通过"第一印象"确立的。

我见过太多的博士去相亲，他们中很多都是才华横溢的人。

但有的人邋里邋遢，一年到头都穿格子衫，一见面就问女方今年是否愿意陪他回家过年。

有的人完全不洗头，甚至身上有一股难以描述的气味。

有的人一见面就问对方发表了几篇论文，看看论文属于哪个分区，然后算一下别人的引用指数。

以上的相亲都没有第二次见面了，可以说，均是他们给人的第一印象不达标导致的。

建立长期亲密关系对于人类而言是一场豪赌，尤其是走到结婚这一步的，万一选错，就有可能葬送一辈子的幸福，人们不可能不重视这一点。

于是在这个常识下，人们又犯了另外一个错误：花大力气拔高自己给人的第一印象，比如自己只有70分的实力，偏偏要冒充90分。

如果你去大城市的相亲角，你会发现很多人都是这样描述自己的：名校毕业，有留学经历，身材、长相都非常棒，性格也好，无不良嗜好，甚至有着很强的沟通力和广泛的兴趣爱好。

我个人认为，这样的描述往往是在拔高自己的形象。

有句话说："男人的花期和他的真心一样短！"

在建立亲密关系之前，一些男生通过表演赢得了女生的好感。但毕竟这不是真实的，维护起形象来消耗特别大，在与女生确立关系以后就开始放飞自我，最后的结果就是男生形象崩塌。

可以说，在尝试建立亲密关系时拔高自己给人的第一印象，是一种给亲密关系埋雷的行为。

人类在择偶方面是慕强的，所以每个人对自己亲密关系中的另外一半的要求一定不会低于自己。

那么是不是50分的人永远只能找60分的，60分的只能找70分的？最后我们大家会发现，只有90分的人有市场，其他人全部打光棍。

网络刚刚开始盛行的那段时期，人们的选择面广了，原本你接触不到的优质异性，一时间也可以接触到了。

就在那段时期里，有的人通过话术和技巧把原本只有 50 分的自己包装为 90 分，然后去吸引异性建立亲密关系。

当然，这种策略维持不了太久，所谓的"渣男"们，其实也就是收获了一堆短期关系。你不必羡慕他们，一个人最悲哀的地方就在于，他不相信真正的自己值得被别人爱。

一段稳定且长久、能够滋养心灵的亲密关系，其价值永远胜过所谓"谈过多少恋爱"的虚幻奖章。

○ 展现真正的自我，不断为成长加分

喜欢冒充 90 分的人，是永远无法达到 90 分的，这种做法体现了一种下意识的自卑。

这样的人相信自己已经没有时间、没有资源去达到 90 分了，更不相信交往对象会为自己降低标准。

实际上亲密关系最根本的作用就是帮你成长。

比如你喜欢一个异性，她的标准是 80 分，而你只有 50 分。你要是先通过自我提升达到 60 分，你的意中人很可能会降低要求到 70 分。

这个时候你接近你的意中人，让她看到改变后的你，最重要的是，让她看到你还有加分的空间，可能她会在内心里给你加 10 分，之后宣布你合格。

之后在巨大的精神动力下，你真的成了一个 70 分的人。

即便你的意中人再被伪装高分者抢走，你也不要害怕。你是

人生支点越多　内核越稳

实打实成长了的，你的这种成长不仅能作用于恋爱，还能作用于你人生的其他方面。

即便是那些被称作"恋爱达人"的人，也都在着重强调一点：你切不可率先去钻研那些所谓的聊天话术以及伪装技巧，而应当首先将时间投入健身、阅读以及穿搭等方面。原因在于，即便你追求某个异性未能成功，因努力而收获的成果依然会留存于你自身。你大可以将追求异性当作促使自己做出改变的动力源泉。

所以，我真的不建议你花太多时间在提高第一印象上。甚至我觉得，在社交网络发达的今天，你都不需要伪装成什么强者。

如果你觉得自己因为展现了真正的自我，错过了一个优质的异性，也不需要后悔。这说明你们实际是不匹配的，无论是她的期望不切实际，还是她错误评估了你，都说明你们不该进入这样一段不合适的关系。

你只需要不断成长，到时候你会发现，你不需要去拔高自己给别人留的第一印象。

如果你丝毫不伪装，能让更多人看到你的潜力，就更有安全感和自信心来展示真我。

感情里到底是"同频"重要
还是"互补"重要：
用"共同成长"搭建"长期支点"

接受人是多变的这一现实

情人节我收到了这样一个问题："感情里到底是'同频'重要还是'互补'重要？"

我的回答是：都不重要。

随着时间的推移，你会逐渐发现对方的多面性。

一开始和自己"互补"的人，居然是一样的。一开始和自己"同频"的人，在心智上完全是个小孩。

人生支点越多 内核越稳

那么结果就显而易见了：在你的心中，对方的表现会逐渐背离你的想象，会逐渐违背你们当初定下的亲密契约。实际上，这个契约从一开始就只存在于你的想象当中。

"突然发现男朋友原来不上进。""婚后，老公的本性暴露了。""原来自己生了一个废物。"这都是"感情交易论"的必然结果。

○ 自己的改变才重要

我的学生花岗，是一个非常漂亮的女生。追花岗的男孩子很多，而她的择偶标准中最重要的一条就是：对方需要有一种野性、侵略的感觉，能镇得住场子。

为什么这样要求？这其实是在填补她自己的某些性格缺陷。

花岗的家庭条件很好，父母对她百依百顺，尽全力满足她的愿望，但花岗讨厌父亲的"老好人"形象。

父亲是一个大企业的中层干部，在单位里口碑极佳，但是做事小心谨慎，为了保住工作，无数次忍受上级领导的欺压，无数次在花岗同学被欺负时，教育她要"和大家处好关系"。

搞得花岗见到上位者（比如老师）时，总是过分拘谨，她很不自在。为此，花岗的理想对象，就是一个与父亲截然不同的强者。

花岗第一任男友是校篮球队队长，对方在球场上露的那一身肌肉深深地吸引了她。没过多久，花岗便忍受不了男友的黏人，以及对他人的过分控制。她明白，这源于男友内心深处的不安全感，于是分手。

下一任男友是学校里一名小有名气的歌手，从他的歌声来看，他确实充满了力量。但没过多久，花岗就发现了新男友颓废度日。

新男友终日酗酒，不仅急速发胖，颜值也不如以前。他不仅根本不愿意去赚钱，分手后还赖在花岗租的公寓里，写了首歌表示自己的深情被她辜负了，自己的人生被她毁了。当然，这种"受害者"思想也是软弱的表现之一。

下一任，花岗选择了一个"富二代"。对方经营着一家自己的公司。花岗喜欢他阅读《人间失格》的样子，喜欢听他吹嘘自己在英国留学时的经历。

下面的剧情大家不难知道：过两天，她又发现新男友极度缺乏安全感，对他妈言听计从，遇上一点小事就脾气暴躁或者玩消失。

现在该不该分手，花岗犯难了。她最美好的青春年华即将逝去，又希望遇到一个全方位适合她的人。

她问我：老师，你说两个人在一起到底"互补"好，还是"同频"好？

我的答案是：都不重要，你自己的改变才重要。

○ 成为更好的人

我身边有一对感情一直都很好的夫妻，两个人因为这种亲密关系，精神和事业都得到了极大的滋养。

我们的共同朋友里，有的人评价这两个人非常互补；在另外一个饭桌上，又有人觉得他们非常同频。

这都是因为观察角度不同。

　　　　人生支点越多　　内核越稳

实际上这两个人的适应性非常强，他们可以通过扩充自己的世界把双方关系中的矛盾点给中和掉。

就好像两棵大树，可以互相把枝叶延伸到对方领域。而这种发散，是一种自然的发散，是一种基于自己成长的发散。只有这样，你的内心才有余力，才有能量去解决你内心的那个难题。

花岗要做的，不是借一段关系修复自己内心的黑洞，而是经营好一段关系，在这段关系的支持下，靠自己的力量修复内心的黑洞。黏人的男友，可以感谢他的关心。颓废的歌手，可以欣赏他的才华。逃避现实的"富二代"，可以怜悯他的弱小。

我知道，你会觉得委屈，会觉得不值，会觉得自己能拥有更好的。你确实会拥有的，只要你明白一点：

你只能控制自己，不能控制别人。把需求投射给别人，必然换来"得不到满足"的失落感，而这种失落感只会进一步削弱你的力量，而那份力量原本可以支持你自行解决问题。

所以这个策略根本上还是一种更有效的利己行为。

任何亲密关系，只有一个作用：陪伴成长。仅此而已。如果还能得到点别的什么，那可真是太幸运了。

你不应该这么关心对方：

给"过度付出"换个"自我保留支点"

○ 亲密关系不接受"目的性"

"为什么我这么努力维系家庭，家还是散了？"

作为咨询师，我常常被问到这个问题。然而，这个问题的答案，可能很难让人接受。

答案是：也许，你不该这么关心对方，哪怕你的关心是善意的。你害怕失去对方，但"害怕失去"实际上等于你想占有对方，而这种占有欲会导致亲密关系的破裂。

这么说吧，由于人类本身的无能、贪婪、愚蠢，亲密关系双方长期处于懵懂的状态，哪怕是圣人或者情绪管理专家，都无法避免因为个人的局限性而伤害对方。

在亲密关系中，你的一切考量都必须基于一个事实：你们双方都会因为愚蠢、贪婪、恐惧等原因伤害对方。一方面，你要尽力避免伤害对方；另一方面，你要增加你的容忍力，最大化承受伤害。

没有捷径可走。

建立亲密关系是一场修炼，非英雄而不可为。

可惜，当代年轻人走了弯路，他们不知道从哪里学会了一种看似聪明的浅社交模式："暧昧模式"和"搭子文化"。

在这种模式下，只需要通过一些浅社交，加上一些推拉，就可以营造出某种亲密感，然后获得被爱的感觉，再用这种感觉去对冲难以排解的孤独。

但是，亲密关系，是不接受"目的性"的。

你以为找了一个帅哥／美女，可以在朋友面前炫耀，可以撑起你的自信，让你有种独特的主人公感。过几天，你的伴侣和别人搞暧昧、不回你消息时，你就会感叹，要是没有他／她该多快乐啊，你会想念单身的日子。

你觉得生一个孩子可以防老，可以继承你的家产。结果是，等孩子大了，永远都忘记不了所谓的"原生家庭的伤害"。等孩子30岁还不愿去工作时，你会怀疑人生，这到底是谁在给谁养老。

作为人类，你以为自己可以控制命运的走向，可以预测到变数，可以凭着自己的智慧预言未来，从而把其他人放在你的人生棋盘上，继而推演出一个你想要的结果。

你只要拥有这个想法一天，就会被伤害一天。不管你现在有多么巨大的财富，多高的地位、颜值，你迟早会迎来绝望。

因为自然法则不允许这种预测，更不允许这种傲慢。

因此，那些在亲密关系中带着强烈目的的人，不可避免地会因为亲密关系的发展脱离了他们的预测而生出怨恨、不甘。

为消除这种负面情绪，就会想要控制对方，而这种控制又会进一步让对方远离自己。

当年轻人摆脱不了这个循环时，他们的内心深处是恐惧长期关系的，这也是他们不愿意结婚的一个重要原因。

不仅如此，现在一些年轻人只愿意和不同的异性暧昧，而不愿意真正进入一段关系，其根源也在此。

○ 承认一切都看缘分

说完了问题，那解决方法呢？

其实你只需要承认这一切都看缘分就好了。

一个人走近你，是因为机缘巧合。

你不可以脱离这种机缘巧合去创造深度关系联结，这也是某些男人搭讪女生，却极少建立起深度亲密关系的真实原因。

一个朋友告诉过我：亲密关系的本质是，我和很多人亲过、有私密接触，却从来没有建立起关系。

其实，不是这样的。

你们双方具有某种共同的生活轨迹，这使得你们之间拥有话题。你们的性格或者经历上有一些能够吸引到对方的东西，这使得你们之间不容易对对方产生恶感。

甚至可能你们两个最近都被人抛弃了，这使得你们不得不暂时抱团取暖。

人生支点越多　内核越稳

亲密关系的发展，是有一个极其复杂的模型的，这个模型所牵扯的心理、社会、生理因素，难以预测。

你和他为什么需要在一起，为什么需要当兄弟／闺密，为什么需要一起创业？

三个字：天注定。

你能这么想，就不会总是责备别人辜负了你。

你对别人一无所求，从别人身上能得到什么，全凭运气，谈何辜负。

你也不会轻易对对方发火，觉得自己付出的太多。

即便你付出的东西，确实与你的收获不成正比，对方也不该赔偿你，这是人与人之间相处的无效性所导致的。

显然，这会导致亲密关系的崩溃。较为智慧的方法就是，通过长期与人相处积累来的经验，降低人与人之间相处的无效性。或者，你把责任归咎于自己不懂爱，这么做可以让你少很多怨恨与不甘。

更重要的是，这份淡定与担当，会让人感受到一种英雄的气息。

假如你能坚持"靠缘分"，你反倒能拥有更多的亲密关系，收获更多的外界援助。

在情场上，谁先暴露需要，谁就会被对方嫌弃。在职场上，谁想抱别人大腿，就会被大腿一脚踢开。

其本质原因就在于：如果一段关系的维持靠很强的目的性，而你无法满足这种目的，那么双方关系转变为敌对状态的可能性就会很大。

成熟的人，不会拿自己的人生去玩这种奴役游戏。你不是神，让奴隶永远满意的奴隶主你当不来的。不管这个奴隶有多么诱人的资源，你敢接受，就注定毁灭。

一切都是缘分，你享受就好了，没什么值得羡慕的。

幸福的秘诀是，和你旁边的人好好聊天，因为人生不过是三万天的体验而已。

人生支点越多　　内核越稳

人世间的亲密关系，无非就三种：

用"清醒认知"稳固"情感支点"

○ 绝望的人，会奴役别人

这个世界上的亲密关系无非就三种：爱与被爱、竞争与合作、奴役与被奴役。

越是向上社交，不确定性就越强，越发没法猜透对方在想什么，越发恐惧突然有一天这段关系就会崩溃。

你会发现身边一个奇怪的现象：当一个人过得不如意，逐渐变得失望，而又没有办法扭转自己的命运时，他的关系模式就会改变。

一个温柔体贴的丈夫和父亲，会突然变得暴躁，会一言不合就发火，会酗酒彻夜不归，最后身败名裂，一无所有。

一个原本欣欣向荣的单位，突然间变得"庙小妖风大"，同事关系变得敏感而神秘，许多"聪明人"不辞辛劳地钻研着站队问题，忙着讨好领导。

为什么呢？

因为绝望的人，无法面对自己的软弱，会通过掠夺比他更弱小的人，来获得生命中的某种支配感和确定感。

自己无法前进时，看到另外一批人毁灭，就可以通过某种扭曲的快感来缓解自己的自卑和无处安放的恐惧。具体方式就是：征服、奴役、羞辱和打压。

这也是很多人一生悲哀的原因。他们没有办法通过正常的竞争、努力、学习去获得想要的生活，去获得想要的那种治愈型的亲密关系。他们只能通过诅咒、欺骗自我和他人，在精神层面上安慰自己。

在这个过程中，奴役者和被奴役者的自我都在迷失。

○ 爱能给人确定的安全感

而爱与被爱则相反，可以建立一种极其宝贵的深度关系。

我认为，沉浸在"爱"的深度关系里，是使人快速成长的方式。但它也极其脆弱和不稳定，即便耗尽人类最高的智慧，可能也难以克服此种缺陷。

这里的爱不止是爱情，它包含了一切能让人找到自我的关系。在这样的关系里，你的人生边界能得到拓展。

例如，理科大神秦博士身上发生了这样一件事。

人生支点越多　　内核越稳

秦博士乃是日本留学圈中的翘楚，我知道的奖学金，他基本都拿过，有独创性成果，还没毕业，导师就暗示要他接手实验室，但秦博士拒绝了，他要回国发展。

这里插个话，我真心希望他回国后，酒桌文化和敬酒话术，博士都是"高智商低情商"的话术，"高学历人才都外表不修边幅"这类的 PUA 话术远离他，至少我愿意守护他。

以上话术，全是奴役和被奴役关系中常见的，是某些领导羞辱人才的一种方式。当外行领导内行时，内行的优秀让他们自卑。

秦博士很帅的，每周骑行三十公里，整个人散发出浓浓的荷尔蒙气息。

在最近的国际友好交流会上，秦博士、我还有一个女生被分到了一组。

女生很漂亮，但也很害羞，被国外无数的帅哥搭讪。女生向他投来求救的目光，可秦博士不善言辞，日语和英语口语也不好，而且还有点社恐，于是保护女生的任务落到了我头上。

开启大师光环驱散了搭讪者后，女孩对我俩表示感谢。那晚的晚霞很好看，那种热烈的火红，像极了秦博士的脸颊。

最近，秦博士似乎变得温柔起来了，有一天脸上白白净净的，似乎擦了粉。原本觉得社交是浪费时间的他，开始主动陪我去参加各种活动，口语水平也提高了。

有一天他还发了个朋友圈，内容大概意思是：爱让一个人有了弱点和软肋。

在朋友圈作诗不像他的风格，他的朋友圈平时光秃秃的。看得出他在努力变得文艺，但抱歉，句子的意境和押韵还是混乱的。

我问过他，是否需要我发动社交圈去找一下那个女生，他说不用。

突然，这个故事很像川端康成的《伊豆的舞女》。

木苏里说：少年的心动，是仲夏夜的荒原，割不完烧不尽，长风一吹，野草就连了天。

但这就是"爱"给人带来的滋养，抛开了竞争和合作里那种算计、权衡、互相利用以及利益交换，抛开了奴役和被奴役里的伤害、权威、虐待和从属。

它很难持久，却能给你一种确定的安全感，令一个自卑、焦虑、渴望优秀的年轻人，逐渐看清自己前进的方向。

○ 在深度关系中成长

所以，大家不要总觉得，被爱才是幸福的，付出爱的人是痛苦的。其实能爱人，是成长中相当重要的力量。

比如，有些情感博主总教女生要变得"特别难追"。

然而，从我接触的咨询案例来看，"特别难追"最后的结果就是，当初追你的那个人很快会改变态度。

有的人和别人在一起后很快分手，有的人突然某天放弃追求了，令女生大为不解。

为什么，因为"特别难追"这个过程中，被追的人其实并没有在深度关系中成长，只是通过"难追"这个动作，让追求者产生了临时的心理失去感，这种失去感提高了被追求者的魅力。但如果被追求者无法持续散发魅力的话，本来面目就会回归，被追求者也丧失了在关系中成长的机会。

本质上，"特别难追"无非是一种奴役和被奴役的小把戏罢了。

人生支点越多　　内核越稳

人们内心渴望的，还是被爱时共同经历酸甜苦辣。

当男孩奋斗打拼有了自己的一片天地，被人称为成熟时，会对豪车副驾驶座上的美女失去兴趣，他会想念那个在校园操场陪他一圈又一圈压跑道，或者坐在他自行车后座的女孩。

他成熟睿智，能得心应手处理公司的业务，但他想念的是，因为没带教材，在教室门口陪他罚站的那个人。

他想念的真的是初恋吗？

不是，他想念的是那个年轻时在深度关系中快速成长的自己罢了。

为什么明知爱上错的人却离不开：

别让"执念"替代"成长支点"

○ "飞蛾扑火"也有理由

有读者问我：为什么有些女孩自身条件很好，却总是找条件不如她的、人品还差的对象，甚至明知被伤害了以后还不愿意抽身出来？怎么劝都不听的话怎么办？

实际上，在我多年的咨询和观察中，这类飞蛾扑火似的亲密关系屡见不鲜。

你明知道对方不喜欢自己，你明知道从现实条件上来看，对方远不如自己，你明知道对方其实有多个交往对象，甚至对方对你的态度还很不好，但你还是愿意不断投入时间、精力、感情在这段关系上，期待能被对方看到，期待能感动对方，期待对方能回头。

即便周围的人全部反对，所有站在你这边的人都替你感到不值，你甚至都觉得自己有点低贱，但你还是忍不住这么做。

人生支点越多　内核越稳

为什么？

因为对方有一个你想要的东西，而且你潜意识里认为，这个东西对你无比重要。

所以，我不会劝这样的人回头。因为即便一时劝住了他，在人生的整个长河里，他也是躲不过这一劫的，而且下一劫的烈度和风险会更大。

可以说，这是一场你不得不面对的试炼。只不过你不理解的是，这场试炼的答案，不是得到对方。而是你需要在这段伤害性关系里，找到自己匮乏的东西，为此锻炼出某种能力，继而在别的地方获得你想要的东西，而这个伤害你的人，自然会因为"性价比低"而失去吸引力。

于是，你得到了成长。

这个过程不可以通过劝阻来避免。因为我们听过太多的劝阻了，理性过很多次，也放弃过很多次了，社会的试炼不断出现在我们面前，我们的理性已经耗损干净了。

这也没法通过所谓的"想明白""人间清醒""断情绝爱"来避免。

如果你真的人间清醒，就应该明白，你是一个普通人。普通的饮食男女，精神无论多么卓越，都不得不被肉体束缚。因此你有凡人的欲望，你不可能彻底消除它。

你必须学会更好地应对欲望，把欲望作为你前进的燃料。

所以你会看到人们在这种伤害性关系里，反倒越挫越勇，因为这在某种程度上体现了人类的勇敢、热情和潜力。

说实话，这本不该被谴责。谁能断言，自己在同样的情形下能够做得更好？

○ 一直索取爱的人没有安全感

所以，解决这个问题的根本方法，是帮助当事人找到内心缺失的碎片。

我的学生小晴是一个很漂亮的女生，但在感情中一直遭遇背叛，为了一个个男生，整日整夜忧心忡忡。

仔细听完小晴的经历后，我发现，她喜欢的男生有某些共性。

这些男生往往都身材高大，外表都有一点攻击性，而年龄一般都小她几岁，而且她总是有意无意地很在乎他们的抖音账号里是否有众多的女粉。

小晴的成绩断崖式下降，与父母产生了巨大的冲突，甚至被闺密斥责为小丑，就因为她天天早上给一个男生带早餐，而那个男生对小晴的态度也是忽冷忽热。

其实小晴需要的是一种来自男性的力量感，一种男人原始的野性。

需要对方年龄小，是因为她内心深处担心自己的美貌容易随着年龄增长而逝去，如果能一直征服年龄小的男生，则可以消除这种不安。

但显然女粉众多的男生是很擅长与多位女性保持亲密关系的，小晴不过是其众多"勋章"中的一个而已。

解决这个问题的方法有两个：

一、认真学习情场的技巧。比如若即若离，让对方先付出，假扮异性粉给自己账号留言。比那些让你伤心的人还要狠心，你就不用再伤心了。但是你也必须明白，这种想控制对方的关系，从一开始就不是爱，最后的结局必然是互相憎恨。不过也有对策，

人生支点越多　内核越稳

那就是迅速投入下一段关系。

二、选择提升自己的能力。选择在这个世界上像斗士一样活着，不用在乎外界那些有关女性应该如何如何的言论，在激烈竞争时，像男性一样拼尽全力去争夺。在这一点上，女性其实是有优势的，因为女性天然是社交中的敏锐观察者，而这个时代的斗争基本不比拼力气了，能和更多人达成合作的人会胜出。

在我解释了这些原理后，小晴开始重新审视自己的痛苦，她渐渐从一些细节发现，对方并不是真的那么有力量。

对方其实跟她一样，在情感关系中试图控制对方，来确认自己的魅力没有消失，以此抚平自己的巨大焦虑。

一年后，小晴终于走出了这些关系。通过这次经历，她发现那些不敢付出、恐惧对方离开、整天营造氛围感的人，内心实在是太匮乏了。一个男人总是花心思在这方面，说明他不敢面对真正的挑战。

这个世界有一件事很有趣，那就是，一直索取爱的人，是没有安全感和魅力的，这会使得他们更得不到爱。

这一关必须自己过，你不可以阻止他们参加考试，更不能帮他们作弊。

我在亲密关系中很痛，该怎么办：
用"自我修复"补充"关系支点"

○ 为友谊付出的努力，会带来幸福感

因为友谊极度内耗，如何解决这类心理问题？

问题的描述如下：

"有时候会突然讨厌自己朋友的所有语言和行为，但是过一段时间就好了。并且，有时候感觉自己有很多朋友，有时候又好像没有。因为朋友也有自己的好朋友，我有人陪的前提是她的其他朋友有事。

"然后我自己极度内耗，会不自觉地把别人往坏处想，感觉人生没有什么特别想去追求的东西，现在对很多事情提不起兴趣。有时候感觉交朋友没有什么意义，有时候又会极度地希望朋友能够注意到我。"

人生支点越多　　内核越稳

当代人普遍有一个情感误区，那就是：好的亲密关系本身可以对抗生活的无聊，可以滋养你的人生。

并不是这样的。

心理学研究表明，亲密关系（爱情、友谊、亲情）与幸福感是相关的，这种关系受到多种中介因素的调节，中介因素包括：维护友谊的努力、友谊的质量、个人独特感、对友情的感知、基本心理需求的满足和主观活力。

通俗点说，你需要付出很大努力去维护友谊，保证友谊的质量，挖掘个人的独特之处，能很好地感知对方的情感，不麻烦别人，然后有一种主观活力，这样的友谊才会给你带来幸福感。

重复一遍，是你在友谊上做出的努力给的你幸福感，而不是友谊本身。哪怕你有一个极其强大的友人，你不努力的话，这个友人也难以发挥很大作用。

可是当代人为什么大都觉得自己无聊，是因为"缺爱"呢？因为这种归因能够推卸掉自己的责任，可以把责任归结于外界。

他们把友谊失败的原因，单纯归结于对方人品不好，然后电视剧里往往又喜欢上演"为朋友上刀山下火海"的剧情，这种电视剧赚足了大众的眼泪，给大众带来了无尽的绝望。

"原来我过得这么苦，是因为我太不幸了，快来个人救救我！"正是基于这种友情观，许多人又渴望友情，又对友情充满了失望。

友情不是这种暖洋洋、轻飘飘的东西，它是两个勇敢的人，在历经风雨后所缔结的一种羁绊，不是一方对另外一方单方面的关注和付出。

○ 你若盛开，蝴蝶自来

说实话，这种友情观就是阻碍你获得良好亲密关系的罪魁祸首。

有人认为，一个好的朋友应该以你为中心，应该在自己的利益和你的利益之间坚定地选择你的利益，否则他就是自私的人。客观地说，一个人对别人有这种要求，他自己会不会就是他所嫌弃的"自私的人"呢？因为他只想着别人为他付出，完全没想过这会给对方造成什么损失。

当然，目前年轻人想到了一个补偿方法，那就是：那我就把我的一切都给你，不行吗？我给予你我的一切。

现实的回答就是：不行。

因为亲密关系，必须来源多样化才能稳定。

如果有一个满眼都是你，永远为你付出而不计回报，永远把你放在第一位的亲密关系者（伴侣、恋人、朋友、闺密），假设这样的人真的存在，这对你来说是一种灾难。

因为他的存在，让其他亲密关系者变得面目可憎了。

你的老板会立马变成一个只会压榨下属的人。

你的男朋友会立马变成一个根本不在乎你的渣男，因为他居然让你流泪，于是你的情感寄托也只能给密友负责了。

你的父母会立马变成不称职的父母，因为他们没法给你想要的自由。

结果就是，哪怕你不驱赶这些人，这些人也会立马离你而去。最后，你的整个世界全部由一个人负责了。

一个人是无法成为神的，他不可能全知全能，满足你的一切

人生支点越多　内核越稳

愿望。于是，你最后的精神寄托，必然在最后成为"骗子"。

当然，如果谁一开始就要你断掉其他一切亲密关系，永远只相信他一个人，那他从一开始就是个骗子，这是 PUA 的常用技巧。

可惜太多人把这样的要求当作一种甜蜜。现实是，那些真的能带给你价值的朋友，会远离这种"需要别人负责"的人。谁心软最后逃离你，谁就是你最恨的人，谁就和你互相伤害。

怎么样获得高质量友谊呢？恰恰是你能够自娱自乐，能够带给别人快乐，能够感知对方的情感需求，这样围绕在你身边的人才多，才有更多人愿意为你付出。

圣人之道，吾性自足，不假外求。

相反，要是没有朋友关注你，你就要崩溃，那你迟早是要崩溃的，因为再强大的朋友，也没法一直关注你。

反脆弱，就是你解决亲密关系中内耗的关键措施。

一见钟情，还是日久生情：
让"深度了解"成为"长久支点"

○ 一见钟情了，先缓缓

一见钟情不应该是一种被鼓励的行为，应该是一种该自我克制的行为。如果一见钟情的定义是第一眼看到一个人就非常想和这个人谈恋爱，那最大的可能是你见的美人（不分男女）太少了。

一个运动员，顶着夺冠的巨大压力，还是要坚持选择高难度动作，我会一见钟情。

一个医生，敢赌上职业生涯，去拯救一个病人，并且圆满完成了精密手术，我会一见钟情。

一个演奏家，全身心陶醉在自己的曲子里，用一种忘我的技艺演奏出了超凡的音乐，我会一见钟情。

人生支点越多　内核越稳

坦白说，这种因为欣赏一个人而引发的剧烈的情绪反应，太正常不过了，不要神化它。

你要是只遇到一个就立刻一见钟情，可能不是因为这个人是你的真命天女，而是因为你的选择太少了。你会觉得这是你的真命天女，其实你已经悄悄在用玄学来补充自己的勇气了。而一个人勇气不足的时候，自然是无法承担一段严肃的亲密关系的。

你不是神，你怎么能预言这是你的天命呢？

只有一个原因：你太想得到了，所以你需要合理化一下自己的这种贪婪。你这种贪婪一定会被对方感知到，对方感知到的不是爱，而是一种风险，一种被人盯上的恐惧。

所以"一见钟情"只有一种情况下会幸福，那就是双方都对对方一见钟情，并且双方都看到了对方不为人知的闪光点。这就不属于"因为匮乏导致了贪婪"的范畴。

如果你足够努力，你会发现这个世界上到处是令你一见倾心的东西，以至于电视剧上那些烂俗的桥段对于你而言实在太过乏味了。

如果你对一个人一见钟情了，哪怕对方看起来也像是想和你双向奔赴的样子，我也希望你暂时缓一缓。

你在意对方，所以你得保护你身边的美好。你得确认自己确实不是心血来潮、孤独寂寞、戏精上身，然后再用一种成熟的心态去接近对方。

说实话，你这样做大概率能得到对方的芳心。

○ 生活的强者，耐得住"日久生情"

现实中，年轻人对"一见钟情"的操作是怎么样的？

美人们天天被各种人一见钟情，打开手机几十条消息，每一条都必须小心翼翼地回复，不然一定会伤到对方自尊心。

然而很多对美人"一见钟情"的人，所谓的"爱的表白"，实际上是一种对美人的纯打扰。

每天给美人买奶茶，对方要是不喝就是辜负他的深情，就是践踏他的真心。总之美人只要不和他在一起，对他来说就是"一片真心喂了狗"。

要是有人进入了这种"一见钟情"模式，只会不断得到负面反馈，只会加重自己的绝望和匮乏。到最后他们一定会这么想："原来我真的不配得到这些东西。"

就这么一次，要耽误掉好几年的青春，心里一直有个白月光，无法投入正常的恋爱关系，无法在亲密关系中锻炼出爱的能力。

而美人呢，也被吓怕了，一旦给别人一点好感或者机会，就要被表白，被人贴上"绿茶婊"的标签。于是美人变得冷漠，无法相信爱情。

这种模式是一种情感疾病的表现，只可惜太多的文艺作品把这种行为给美好化了。

也许你还认同一种模式：日久生情。

其实你不是日久生情，你见到对方的第一眼就是喜欢的，但你克制住了。

确实我为美人惊艳了，但这又怎么样呢？我只是享受了一次视觉盛宴罢了，我还有很多的事情要做。

说实话，最让我感到爽的，还是我的理想和事业。你抱着这种心态和美人们交往，美人们会神奇地发现，你让人感到安全。

你不会因为美人一句不经意的玩笑就难过一整天，需要她来哄。

人生支点越多　内核越稳

你不会因为美人不回你消息就无事可做，导致生活全面崩溃。

你这么淡定，这么情绪稳定，只有一种可能，你见多识广而且自我控制能力强。你在生活中大概率会是一个强者，至少是一个候补的强者。

美人有更大概率答应你的邀约，你有比"一见钟情"者多得多的机会和美人互动。

于是你们自然有了很多共同回忆去制造浪漫，你自然有了更多机会去解决美人真正的烦恼，听到美人的真心话。

甚至那些"一见钟情"者成了威胁美人的存在，而你是美人最信任的人，是美人最后的避难所。无形中，这些人是为你助攻的。

与别人动不动就破碎不同，美人觉得你很自信。她不知道的是，其实你是因为她选择了你，所以才自信的，这是一个正循环。

于是在某一个时刻，你和美人"日久生情"了。

你根本不需要表白，你很确定双方有着紧密的联结。所谓表白，都是扛不住不确定性，需要一个答案才去表白的。

可笑的是，表白者其实内心知道自己会被拒，只是扛不住亲密关系中的不确定性罢了。

你能抗住，你就是个真正的勇者。哪怕你和美人只是普通朋友，都能极大增加你的信心，本质就是让别人知道，你的内核稳定。

所谓的缘分，不是上天的安排，而是你主动争取、用心珍惜、努力经营的结果。

第 5 章

自我重养

给人生多装支点，

让内核稳如磐石

不想努力，并不是失败的原因：

用"灵活调整"替代"单一目标支点"

○ 负面后果会消解努力的正面意义

你是否有过这样的经验？

本来很想做成一件事，信心满满地开始，甚至为此投入了大量时间和金钱，但最后以失败告终。

今后这件事就成了人生的遗憾，再也没有尝试过。

之前我说过，我来日本留学之后，瘦了 20 斤。不仅彻底治好了脂肪肝、高血糖、高血压，还通过有氧运动治愈了鼻炎，通过器械运动降低了体脂率。

现在，我的专注力提高了，还有了马甲线。

有个读者给我留言，说我看起来年轻了 30 岁，我真不知道该高兴还是该难过。

说实话，这件事对我来说不算成就，因为我确实没有经历太多的痛苦就完成了这件事。

前几天，我和朋友优子讨论这件事，我发现了一个细节，我觉得这是我能成功的一个重要原因。

在开始的时候，优子是愿意和我一起减肥健身的，甚至健身房都是优子带我去的。但她坚持了一周，就不怎么去了。

她告诉我，减肥太快的话，脸部皮肤容易松弛，会影响颜值。她说得没错，现在减肥后的我确实有这样的问题。

可是我觉得随着体重的稳定，脸部皮肤是能恢复的，事实上也确实恢复了一部分。

我觉得任何一种改变都不可能没有任何负面后果，只要我们不断地发现问题并解决问题就行。

不过作为心理学工作者，我发现了优子的一个认知偏差。

减肥的负面后果，我们俩一开始都知道，但减肥的负面后果强调得多了以后，减肥对于她而言，就从一件积极并且很有意义的事，变成了一件没有价值且风险很高的事。

而我发现，她态度的转变其实是想把"不想减肥"这件事给合理化。

这么做，确实能消解部分"减肥的愿望"和"减肥的痛苦"之间的心理矛盾，但其实这个行为无形中彻底破坏了她的前期努力，让她的愿望从此成了泡沫。

我有没有"减肥的痛苦"？那肯定是经常出现的。

于是我将每日吃饭次数变为了五次，但我计算着卡路里，使得每日摄入低于消耗。为什么这么做？一旦我感到肚子饿时，就可以吃点东西来消解一下，这使得我减肥的过程并不痛苦。

那万一有一天实在太饿，就想多吃点，或者有一天肌肉酸疼，不想去健身房呢？那多吃点或者不去就行了，我丝毫不会感到内疚。

因为我觉得适度休息，也是努力的一部分。

但优子就不一样了。优子在感到减肥带来的痛苦时，也想休息，但减肥的愿望还是在鞭笞着她，她无法平衡这个矛盾。于是，她告诉自己"减肥是没有意义的，因为会导致皮肤松弛"。

这个认知虽然在某种程度上是正确的，但减肥的正面意义突然被消解了。

随着不断努力，我逐渐适应了减肥的痛苦，为此减肥所需要的意志力消耗也减少了。

但优子呢，由于减肥的正面意义被消解，下次再想要减肥的意志力消耗就大大提高了，于是这件事也就彻底走向失败了。

我把这种错误的心理平衡方式叫作不当合理化。

○ 失败是因为不愿改变

所以，我认为做成一件事的关键不在于努力。

如果一件事情是正循环的，那无非就是多花费点时间，多花费点精力，终究能够成功。而一件事情如果是负循环的，那做这件事的阻力肯定也会越来越大，最终必然失败。而失败后的阴影笼罩在记忆里，于是一生都无法重新开始。

"为什么别人都可以，我却不可以呢？""是不是因为我不够好呢？果然我是那种无法努力的人吧！"在心理咨询的过程中，

人生支点越多　　内核越稳

我听了太多这样的话。

我很想告诉他们："也许你行的，只是你某一个瞬间，选择了一个错误的思维方式，这导致你束缚了自己的力量。"

这类不当合理化，充斥在人类的所有活动中。归根结底，人类还是一种不愿意改变的生物啊！

比如，始终无法放下喜欢的人的小A，多次来找我咨询，每次都要讲一大堆他和喜欢的人的小事，他不停地让我帮他分析：他是不是惹女神不高兴了？女神的某句话是不是表明，自己是喜欢他的？女神发的这个朋友圈，他到底要怎么评论才可以获得关注？

其实，我很想告诉他，他根本不用分析，女生如果喜欢他，是不需要猜的。过度揣摩，只会耗尽他宝贵的注意力，他应该把精力放在其他女生身上。

小A其实是知道真相的，他之所以放不下，是因为他觉得自己是一个深情的人。深情，多么好的词啊，他的行为由此合理化了。

而实际上的真相是，小A不认识其他心仪的女生，没有女生愿意选择他，而他也不愿意花大力气去提高自己。

小B是一个博士，他的论文多次被导师署名了一作，甚至还被导师安排了不知道哪里的学生来他的文章中挂名。他每天在研究室里，熬得头发都掉光了，而导师承诺的每个月3000块的生活费却迟迟发不下来。

我建议他换研究室，他不愿意，他告诉我他喜欢他的工作，愿意为科学而献身。多么崇高的词啊，可是，你换个实验室依旧可以为科学服务啊。

实际上，他是不愿意和导师发生冲突，更不愿意冒换学校的风险。

小 C 无数次在饭桌上跟我吹嘘，自己和校园的初恋，是如何完美错过，然后上演了一段凄凉、唯美的爱情故事。

青春的遗憾，多么浪漫的东西。

可是我同时在这个故事中，听到了一个男人沟通能力的低下和自我展现的缺失。我可以肯定，如果再来一次，他依旧不会更改他的认知，依旧会做出同样的选择。

这不是遗憾，这是不断上演的自作自受罢了。

人生支点越多　内核越稳

成熟的标志，关键在一点：

让"尊重事实"成为"成熟支点"

○ **尊重事实，是成熟的关键**

如果我把"成熟"定义为一个人一定程度上能够适应社会，并在社会竞争中胜出，那么，判断一个人是否成熟的关键点就在于：他如何对待那些让他痛苦的事实。

如果一个人在听到让他痛苦的事实后，无法调整心态，甚至使用进攻手段，企图抹杀掉那个事实，那这个人就无法适应社会，更谈不上成功。

"猫屎很臭"是一个事实，即便作为养猫的狂热爱好者，我也无法否认这个事实。

哪怕不出现"把饭菜扣在别人头上"这种过激举动，"否认事实"这种思维方式就足以摧毁你的人生。因为这会导致无人愿意和你合作，尤其是手握资源的智者。

在某次比赛里，一个选手在被评委批评后，说出了一句"你管得着我吗？"。

这句话如果是节目效果，那就是牺牲选手的前途来炒作。因为这个选手不尊重一个事实：既然你来参加比赛，你就必须接受评委的点评。

那么，投资人也好，节目制作人也好，在看到这样的行为后，今后都不敢邀请这个选手参加节目了。谁知道他为了炒作会不会说出些不合适的话，为了节目，工作人员可是付出了巨大心血的。

这不仅仅是情绪管理的问题。如果你这个人尊重事实，那节目组的人就可以给你建议，就可以告诉你规则，就可以帮助你不要触碰红线。

但你这个人不尊重事实，一旦有你不喜欢的事实，比如"猫屎很臭"，你就会立即发飙。

那么为了所有人的投资和心血，一切有成果的项目都不会带你。

这等于事实上的"社交放逐"，导致的结果不仅是事业完蛋，亲密关系也完蛋。

在一次聚会中，小A开始抱怨他的女朋友。

他的女朋友要他稍微注意点形象，从语气判断，女朋友已经非常客气了，说话很含蓄，给足了小A面子。

但小A感觉被冒犯了，他在一个全是男生的饭局里，指责女朋友："虚伪，只注重外表，完全没有注重对她的一片真心。"

其实，我多少知道一点事实。

如果小A愿意适当改变一下，别的不说，就衣服勤换换，有

人生支点越多　内核越稳

点整洁感，他在女朋友那里就可以及格，这不费多少时间，不费多少钱。

小 A 的"付出"不能算"爱的证据"，他说的都是些小事，被他自行放大了。他连"打理下头发"都不愿意，就说明他对这段亲密关系，没有他所说的那样上心，他的时间和精力用在其他事上更多。

一个人把自己代入"被女生抛弃的男人"这种虚拟的角色，就会阻碍自己建立起真正的亲密关系。

○ 我讨厌的东西可能是对的

"接受事实"是可以改变命运的。

关键点在于，有一些贵人，他们掌握着改变你命运的"片段真相"。这个真相一旦拼接到你的人生理论里，你会瞬间得到成长和突破。

前段时间，我在一个学会上发表论文，一个副教授小野对我不太客气地提出了质疑："周老师，你是不是没有认真看教材，你的中介变量选择是有问题的！"

在学会上，上百人看着，这句"是不是没有认真看教材"，可以说当众打了我的脸。第一时间，我确实是想发火的。我发表的论文虽然没有他多，但我对情绪的理论肯定是比他了解得多的，而且我比他岁数大，虽然我看着要比他年轻。

我甚至组织出语言要来反驳他了。但是在组织语言的这个过程里，我对逻辑进行了梳理，意识到一个事实：他说得有道理。

其实，在会议上被打脸不重要，我一定要用科学的方法证明我的理论。并且，我的教材是在十年前看的了，存在头脑里的知识有未更新的可能。

于是，我的怒气消退了，我谦虚地问他："确实，我上一次读教材是十年前了，小野老师，是不是我选择的中介变量缺乏文献支持？"

"不是的，周老师，我们现在一般都选择××类型的变量来做中介效应，因为……"

我顿时觉得打开了新世界，暗自庆幸自己没有反驳。

这时候，大家纷纷对我的研究进行提问。当然，他们的说话方式比较柔和，但是问题比较尖锐。

小野反倒开足火力帮我辩护，列举了众多理论。其实我真的没考虑到他说的理论，我的研究满目疮痍，大佬说的是对的。

学会结束后，有大佬对我发出了共同研究的合作邀约。他对我的评价是：有对研究的野心，作为研究者这很重要。

后来我才知道，小野副教授只是不醉心功名，其实他非常厉害。当然，他的说话方式限制了他的发展。而他无意中成全了我的命运。

我决定永远尊重他，他是我真正的贵人。

所以说，我所讨厌的东西可能是对的，我所反对的东西可能是正确的。

如果你能这么想，你绝对拥有成为强者的潜质。

你之所以美，是因为你迎难而上：

用"挑战欲"搭建"突破支点"

○ 没有绝对意义上的"难"

知乎上有这样的问题：被生活磨平棱角好还是不好？面对挑战，我们应当"知难而退"还是"迎难而上"？

其实，一个人几乎是不可能知难的。所以从本质上来说，人既不能"知难而退"，也不能"迎难而上"。

因为世界有无限种可能性，有时你不可能精准地判断事情的难易。

比如，我花了 5 年时间考博士，几乎考到绝望。

有一年，我考了五个学校，分别在北京、上海、广州、武汉、重庆，全部落榜。

有的是因为英语成绩差，于是我将雅思考到了 6.5 分，并反省自己为何大学之后没有再学英语。

有的是因为近三年没有发论文，于是我当年又连续发表了两篇论文，并反省自己忙于当网红，把科研落下了。

有的是因为缺乏推荐人，于是我参加了一些学术会议，把论文和著作投给大佬，终于得到了一位大佬的赏识，得到了推荐。

有一次我初试考到了第二名，我觉得如果论面试和业绩，第一名恐怕无法和我对抗，我觉得胜券在握。

结果学校划线比上一年大幅提高，只有第一名过线了。我非常生气和震惊，直到五年后，我都还在百度那位第一名的名字，我发现他截至当时没发表过英文论文。当然，当时我这个心态并不成熟。

朋友告诉我，你去考国外的博士吧。

于是，我选择了日本，因为我的硕士专业是治疗网络成瘾，日本在这方面的研究比较领先，而且留学费用较低。

结果，第一次考试就合格了。

这并不是因为运气好，复盘一下自己的经历后，我发现，以前的失败，其实给我提了醒。

假如我之前就提前好好学外语、好好写论文、定期参加学术会议，又能有策略、有针对性地选择攻读博士的学校，那是可以一击命中的。

所以这个世界上，也许没有绝对意义上的"难"。

这个"难"，是不可能靠"成功的人少"去证明的，因为绝大多数人都不愿意去尝试。

这个"难"，也不能靠"我多次努力都失败"去证明，万一你每次尝试都没有修正你过去的错误呢？

　　　　　　　　人生支点越多　内核越稳

这个"难"，更不能靠"需要投入很多资源"去证明，也许通往山顶的电梯很拥挤，走楼梯会更轻松呢？比如大家之所以不愿意选择留学日本，就是因为要多学一门外语，这会吓退很多人。但我发现，"多学一门外语"这件事实在比"毕业院校好"要简单得多，因为后者你根本没法改变。

所以，你要是不知道"我继续下去会不会有前途？""我还有多远才能到达终点？""我这么做到底有没有意义？"这些问题的答案，那简直太正常不过了，并且我想告诉你，上述问题本身就不存在。

你能做的只有一件事，那就是——挑战。当你想挑战的时候，你会发现，原来感觉不可能解决的事情，其实有很多种解决方法。

当你想挑战的时候，你会明白，那些过于简单的东西，实在是太无趣了。

○ 拒绝逃避，勇敢挑战

很多人所谓的"磨平棱角"，只不过是自我放弃的一种好听的说法而已。是希望别人相信，我不是不敢挑战，不是不想努力，我只是被现实逼得没有办法了，所以成熟了。

如果"磨平棱角"原本的意义是告诉你不需要因为一些不必要的自我展示给自己带来一些不必要的痛苦，那很多人的"磨平棱角"，根本就是在展示棱角。

他在乎的始终还是别人的看法啊！他不想被别人批评"不努力"，于是把自己放进"成熟"的范畴里，这本质上还是逃离不了"活在别人眼中"这个事实啊！

用现在流行的话说，这种"成熟"的气质，有很强的"性缩力"，也就是说，让异性非常想逃离你，哪怕他们不完全知道是为什么。

因为这种逃避挑战的气质，本质上来说，是无法适应逐渐变化的社会的。

异性会无意识地感觉到，和你产生亲密关系，只会被你拖累。

这个社会变化得太快了，我们大脑里理解的社会规则，和现实社会中运行的规则，其实是不一样的。

我即便知道一部分真实规则，也很难告诉大家。一方面是因为当前语言有局限性，我无法准确传达给大家。其次是因为很多真实的规则与大家喜欢听的东西是不一样的，我要直接告诉你，你恐怕会很难接受。

比如"好人有好报"，前提是你要做一个有智慧的好人，不是说，你只要有一个善良的动机，就一定能得到好的结果。多少人难以理解这一点，因而一生痛苦。

唯一的解决方法就是，你必须亲身检验规则，然后生成一个更加适应现实的规则，这就叫成长。

如果你在验证过程中，生成了自己的一套算法，甚至能演算出社会规则变化的方向，那你就能乘着时代的大浪，成为万众瞩目之人。

这种掌握算法的人为"得道者"。而得道，必须经由实践，而实践就必须面对未知和风险，也就是说必须挑战。

天行健，君子以自强不息。

人生支点越多　　内核越稳

人到中年，还有拼搏的机会吗：

给"年龄焦虑"换个"经验支点"

○ 人生下半场，向死而生

知乎上有这样一个问题："人到中年，还有拼搏的机会吗？"

很多答主列举的是基辛格、姜子牙等老当益壮，梦想依然没有破灭的例子。

可是，这些老年人奋斗的例子，本质上安慰不了那些绝望的中年人，因为这样的人毕竟是少数。"人到中年，普遍一天不如一天"这样的案例绝对是大多数。

也有很多人举例，年轻只不过是流体智力达到巅峰而已，人到中年依旧可以攀登另外的高峰，比如去发展晶体智力。

但这种想法其实也在承认，你内心的某个地方依旧在渴望，自己仍然年轻，要是力量不衰退的话，也许能取得比今天更好的成绩。

我的想法与大家不同，我认为：人只有到了中年，才有拼搏的机会。

如果你问我是否愿意回到过去，那我肯定愿意，但如果条件是，回到年轻时那个混沌的状态，那我不愿意，除非我能带着我现在的认知回去。

但即便能带走我现在的认知，穿越回年轻的过去，可能也是有问题的。

我喜欢我现在的导师，他的人格魅力和严谨态度让我钦佩。我喜欢一直支持着我的读者和同学，他们是我的无价之宝。我喜欢现在能够自由做研究的环境，没有了那些无聊的应酬，也积累了足够的资金保障自己能够自由行动。

这样仔细想下，我依旧不愿。我决定再作个弊。如果我以现在的条件生活，单纯把我的实际年龄缩小10岁，恢复到所谓的智力巅峰状态呢？

但其实这样的假设没有意义，通过一年多的健身，我现在的体能比我25岁时好得多。

至于你说什么25岁流体智力达到巅峰，作为一个学者，看了许许多多的文献后，我基本可以肯定，这个结论不真实。

因为人的心理和智力是极其复杂的，有无数的中介变量存在，而人与人之间的差异又十分巨大，这种样本得出来的结论未必能指导我，而且目前学界确实也有很多不赞同这个研究的声音。

一个客观的事实是，我现在的体能、智慧、经验、资源、人脉全面优于25岁的我。并且，作息规律加自律后，我现在的长相比25岁时要年轻。

人生支点越多　　内核越稳

在常年的咨询经验和研究中，我发现了一个事实：一个人很难在 35 岁以前真正精神独立，只有人生进入下半场，才会启动一种独特的生活动机——向死而生。

你只有明白自己已经进入下半场了，才会坐下来理性地思考，到底什么事值得你用一生去完成，到底做哪件事可以在你肉身消失后，留下点什么在这个世上继续造福别人。

在这个意义上，我觉得我是永生的。

这种"向死而生"本身就带着一种悲壮，它基于一个人已经隐约能看到自己的结局，为此必须燃烧自己的生命，来把自己的人生大戏推向高潮。

○ 逃避妥协，不能解决问题

另外一方面，我非常理解大家为什么对年龄这么敏感。

在传统的观念里，社会时钟几乎是每个人头上悬着的一把利剑。

你要是 25 岁没有硕士毕业，26 岁还在找工作，你就是个失败者。你要是 35 岁还没有成为中层领导，而你的同学已经飞黄腾达，你就是个失败者。你要是 30 岁还没有结婚，而你同学的孩子已经可以打酱油了，你就是个失败者。

所谓的社会时钟，是一种悲哀，这种排位赛式的生存方式让每个置身其中的人窒息。

"年龄焦虑"的背后，其实是一种妥协，甚至是逃避。或者说相信"人到中年万事休"的人，其实是在解脱自己，从这个已经不能达成成就的排位赛游戏里。

因为人们已经受够这个社会的无形指责了。这样的声音几乎无处不在："你之所以失败是因为你不努力。"

在这种日日夜夜的无形指责下，人们找到了另外一种出口："既然我已经老了，那我就更不可能成功了，那我是不是可以理所当然地放弃了？"

只有从生理条件上解释，自己已经不行了，才能免受社会时钟的指责，才能理所当然地休息下。

但是有没有一种可能，这个社会时钟本身就不正确呢？

这种一步都不能走错的游戏，怎么可能适合每一个人。更何况，这种排位赛式的生活法则里，完全没有正向反馈。

你考了 90 分，可是比起考 100 分的人，你一无是处。你刚毕业就进了事业单位令人羡慕，但是你的同学已经考上了公务员，这又让你备受打击。

你脑海里会无数次产生这样的疑问："我是不是不行？""会不会，我忍受了一切，最终还是达不到要求，还是得不到承诺的奖赏呢？"

结果，在这种反复的自我怀疑和自我厌弃中，你再次与人拉开了距离。

看着网上的"你的同学已经身价上亿"的爆文，你在受够了对自己的唾骂后，无意中找到了另外一种出路：我老了，要不就不拼搏了吧！

○ 享受挑战本身的快乐

其实，这个循环悲剧的解脱方式就摆在大家面前。那就是离

人生支点越多　　内核越稳

开"排位赛思维"，进入"挑战模式"。

在"挑战模式"里，其他人的做法对你而言只有经验上的借鉴意义，你没有必要和他们比快——他们有的是开挂的，有的是父母替他们解决了问题。

你不受年龄的限制，只要你还活着，你就会一天比一天更有经验去面对挑战。

没错，我要大家当一个魂系玩家，失败无数次，一次比一次冷静，一次比一次更加熟悉规则，直到最后挑战成功。

哪怕最后挑战没有成功，那也没有关系。

你喜欢的本身就不是挑战成功带来的财富、地位和名誉，你要的就是游戏本身的快乐，要是游戏一下子被你打通了，你找不到别的目标，这样的无聊才令你担忧。

如果是这样的思维，你会喜欢上中年，因为中年大体就是老兵的专属。有了更多的游戏体验，老兵一定比新兵更加享受这个游戏。

而年轻其实也没太多的好，只不过可以因为"年少无知"被人原谅罢了。

年轻人享受的恋爱，现在来看不过是激素上头，本质是成瘾，对精力的消耗很大。"后浪"们喜欢的极限运动充满了危险，他们与其说是在挑战自己，不如说是在迷茫，找不到自己的价值和意义。实际上，老兵只有在为了保护别人时，才会做这样的危险事。

这个世界太多任务只对老兵解锁，更何况这个世界真正掌握话语权的人，大多是老年人。

人到中年，人生其实才刚刚开始。

人与人之间的成长差距是如何拉开的：

用"持续迭代"加固"能力支点"

○ 虚假的成长，不会带来改变

人与人之间之所以有明显的成长差距，不是成长速度快慢导致的。

准确地来说，不是有的人成长得很快，而有的人成长得很慢。而是多数人自成年以后，认知就没有改变过，甚至因为认知固化，无法接受新事物，强化了错误理念，导致价值观进一步堕落，因而停止了成长。

可以理解为，这是真实的成长和虚假的成长的差距。

真实的成长是需要客观事实来支撑的，而虚假的成长，只需要一些名言名句，或者一些包装为"强大""自信""善良"的概念即可。

小野在几年前是和我一起写网文的作者，她是文学系毕业的，而且特别喜欢黑格尔，驾驭文字的功力比我强很多。

但是没过几年，由于公众号流量下降，小野无法接到出版社出书的邀请，继而没有收入，她更新的频率就大大下降了。

其实我知道部分原因。

首先是小野特别喜欢引用一些意义不明的句子，比如说"奥斯维辛之后，写诗是残忍的"。这句话确实经典吧，但是用在一些场合就特别不适合，给人一种故意炫耀自己文学功底的感觉。

我多次跟她提出过这个问题，她经常是这么告诉我的："作为一个作者，最重要的不是赚钱或者获得读者的认可，而是要做自己，要坚持自己的观点。"

这句话我完全赞同，但这句话的理念和"修改自己的写作方式"是有差异的。而且这个"做自己"是一个箩筐，什么概念都可以往里面装。

再过了一年，公众号流量进一步下降，流量转到了短视频平台，小野干脆就放弃直接不写了。她的理由是：现代人沉迷于短平快的信息，没有办法深度阅读。

说实话，这个观点也是对的，但是这个观点不能用在解释自己为什么放弃在短视频领域进行挑战。抖音和B站也不全是看跳舞的人啊，也有很多知识博主活跃在平台上，我自己也有过百万粉丝。

最后一次，我因为怜惜她的才华，愿意分享一下自己在短视频上运营的经验，甚至愿意帮她写几条文案。

她告诉我，她相信某名人说的观点：你不用急，一切都是最好的安排。

我把这种自我放弃称为自我谄媚，其目的是，用一种自我创造的叙事逻辑来把自己的现状包装为"很美好"，继而得出结论，目前无须改变。

结果，这个习惯持续了半生，终于到了力量和时间都不允许改变的时候，人就只剩下摆烂一条路了。

○ 跳出思维舒适区，不断学习和改进

生活不是随便毒打你的，生活毒打你，那一定是在环境以及你个人的多种因素组合之下。你必须通过解决某些问题来增加你的能力，继而实现一种适应现实的成长。

但是，人本能是恐惧改变的，因此很多人选择逃避生活的毒打。他们有的通过酒精、有的通过色情、有的通过游戏来麻醉自己。

我最近发现了一种新型的"麻醉品"，我称之为"自我谄媚"。你需要警惕这种思维方式，实际上，这种错误的思维方式借由网络传播得很快。

比如，在某些热搜新闻里，名校博士毕业就卖起了猪肉，甚至流落街头。于是，底下一群人开始叫嚣"读书无用论"。

"读这么多书还不是读成傻子，将来只有替我打工的命。"

实际上，卖猪肉的博士开的可是连锁店，人家脑子聪明着呢。

在一些电视剧里，读书人总是被贬低，尤其是老师，仿佛是一群迂腐的无用之人，而那些真性情的学生都是智慧的化身。

这种电视剧本身就是为了讨好所谓真性情的年轻人，实际生活中，你要是学习主人公对待老师的方式去展现你的个性，只会得到周围人的冷眼。

人生支点越多　　内核越稳

一个能够真正成长的人，是不会停留在思维的舒适区的，甚至他本身讨厌对他的赞美和宠爱，他能够做到闻过则喜。

绝大多数时候，生活的真相就隐藏在那些让你觉得非常不舒服的现象中。

比如，很多男生都和我抱怨，当代女性只看脸，不会欣赏他们的内在。

实际上真实逻辑是：一个人，无论男生还是女生，都不可太邋遢，而且这是一门终身的必修课。因为一个没有余力整理好自己外表的人，是难以应付生活给予的更多挑战的。

整理好自己，是自律和坚定的一种表现，是值得被托付信任的一种强烈证据。

不管网上如何贬低"只看脸的女生"，以及这样的言论如何让很多男生感觉舒适，你相信这种言论，并与之产生共鸣，就在内心深处进行了一次自我谄媚。

"这不怪我，都怪别人没眼光。"说实话，这种想法虽然让你舒服，但对增加异性缘来说没有任何作用。

你只有接受并体验那些让你不舒服的事实，才能体会到更大的世界，了解这个世界运行的更多原理。

我告诉你一个真相：以这个世界的复杂程度，一介凡人的你永远不可能做到事事正确。你不需要对这个事实有半点怀疑。

你唯一能做的，就是通过不断的学习和改进，让自己变得更加正确一点。

成长的快慢其实不是被智慧高低所决定的，绝大多数时候，是看一个人到底是否谦虚。

生存只有一个障碍，那就是傲慢。

如何摆脱竞争的焦虑：

找到"内在动机"这个核心支点

○ 带着恐惧上路，很难走远

知乎有一个提问是这样的：

"我以前学习一般，后面自己努力了一点，然后超过了我的好朋友，然后他生气了很久。后面一次考试他比我高几分，然后他很开心，但是上次我又比他高二十多分，他又不开心了。我其实也不想让他超过我，感觉他没有认真学。刚开始我没有这种想法，后来不知道为什么就产生了这种想法。虽然总感觉这种想法是不对的，但是在他超越我的时候，我还是会不开心。"

我想要告诉提问者：这正常但是不健康。

有一种略微病态的观念：你要是输了，你会被赢家欺负，然后一直被他侮辱；直到有一天，你奋起直追，超过了侮辱你的人，你就完成了人生的升华。

家长原本是想用这个观念强化你的学习动机，结果动机强化的效果维持不了几天，害怕被同学超过的恐惧却时刻萦绕在心头。

心理学研究表明，同伴比较对青少年的发展具有"双刃剑"效应。就读于重点学校或班级对学业成绩有积极影响，但对心理健康有负面影响。

简单点来说，同伴比较这种事，类似于发动机超载，短期有效，但会影响发动机寿命。

损害心理健康去换一点学习动力，这是不值得的。

因为如果没有正确的方法，这点学习动力其实对成绩帮助不大；而且哪怕有了成绩，如果没有足够强的社会竞争能力，也很难实质上成为竞争优势。

更重要的是，人没有办法永远维持第一。

一旦某天成绩滑落，就会看到父母无止境的焦虑，还会遭到亲友们无意识的冷落。

你想想，你带着这种恐惧，能走多远。

"害怕被别人超过"在某种意义上是一个自证预言。

就像贪官每天都害怕自己东窗事发，然后锒铛入狱一样。他们长期活在这种恐惧之中，用尽一切方法补上漏洞，避免被人抓住把柄。而到了最后，他们在接受审判听到自己被定罪的时候，会有一种释然感。他们很早就渴望解脱了，所以都用不着什么手段，稍微讯问就立马招了。

到了学习上面就是，你在某一天会痛恨自己总是活在别人的期待中，你会故意装病搞砸你的成绩，然后获得某种释然感。

那个时候，一切的外界动力，包括父母的眼神，突然就不那么重要了。

这就是这个依赖"同伴对比"模型最大的弊端：它对失败太过敏感了，一次失败就足以吞噬掉以前所有的成功所带来的自豪感。然而失败一定会来，所以这个模型迟早有一天会崩溃。

○ 发现内在动机，掌握自己的命运

那么做一件事正确的动机应该来自哪里呢？来自内部。这种内部动机包括效率动机和整齐动机。

比如我写论文，比起我的论文能在多么厉害的学术期刊上发表，我能拿到多少研究经费，我能获得多少认可这些外部动机，我更在意的是，我做一个研究的严谨性能有多强。

在博士普遍发量偏少的今天，我如何能够保持健身、外形、学业、社交平衡？这就要求我每天的研究时间不能超过 8 个小时。于是高效地利用这 8 个小时，是我的快乐来源之一。

我改编了几个代码模型，使得它们可以更加快速而正确地处理数据，并且生成符合杂志要求的图片。

我按照英文期刊的要求，用公开的 AI 模型做了几个虚拟人格的工具人 AI，有一个可以扮演统计学审稿人，有一个可以扮演理论审稿人，有一个可以扮演英语润色者，有一个可以扮演指定期刊的格式检查人。

在做研究累了的时候，我可以穿插有氧运动来给自己提神。

我通过写科普文章帮助我的读者，通过看评论完成某种社交娱乐。

每周定期见见几个朋友，可以知道一些新奇的事情，知道几

人生支点越多　内核越稳

家好吃的中华料理店。

其次是整齐动机。

不仅是我的论文，我整个人也逐渐变得整齐了起来，我该用什么香水，该用什么敬语，该用什么字体，每天该摄入什么样的营养，都逐渐变得严谨起来。

生活维持某种秩序，是一个人能掌握自我命运的重要标志。

我的习惯是有很强的韧性的，不会因为第二天要改稿子就放弃健身，不会因为流量少就放弃写作，不会因为害怕被人超过或者发现了"大神"就"摆烂"。

说实话，我并不在意我是否能毕业，毕业后是否能找到工作。

但在现实意义上，我这种习惯帮助我发表了很多论文，减少了内耗，增加了和别人的互动，维持了身体的健康。于是我有了更多的成果、更多的朋友、更多的肌肉。

这使得我确实有望成为我们学院极少有的三年就能毕业的博士，更何况之前我根本没有留学经验。

归根结底，内部动机能稳定促进一个人前进，且不容易失败。

越是成功的人生，越是执着这件事：

让"积极叙事"成为"心态支点"

○ 选择积极的叙事风格

一个读者在我的文章下留言：

"虽然近期工作中遇人不淑，因为工作往来产生分歧，但对方是业务新贵，在这场对垒中，最终，我被称为工作中'很差'的人。因为职务不够高，坚持很无力，哪有什么原则可言，到最后就是一场人情世故。自己闷了三天，已逐渐恢复了元气，允许一切发生，我都接受，因为这场劫有我的参与。"

我希望大家多留言，这样我可以知道，我该从哪一个层面给大家意见。

总的来说，当一个人遇到困境时，他有两种归因方式或者叙事风格。

一种是把外界判断为阴险的、邪恶的、凶险的，把外人界定为不道德的、强大的、随时准备掠夺你的。

在这种叙事风格下，整个故事逻辑就会是这样：我因为运气不好被人误解，加上坏人挑唆，主事者昏庸，于是我成了受害者，到头来，我发现什么原则都没有用，只有人情世故才重要。

在这种叙事风格下，人大多会被重创，即便恢复元气，也会在心中留下阴影。原谅我直说，这会让你的人生走向失败。

但还有一种叙事风格，把外界判断为温柔的、善良的、按照一定规则运行的，把外人界定为弱小的、诚实的、乐于帮助别人的。

在这种叙事风格下，人也难以避免痛苦，但是人可以行动起来。

比如我曾经遇到这么一件事。

在一次学术小组讨论里，一位女生抱怨整理文献十分麻烦，说她阅读了很多文献，也下载了很多文献，于是文献堆满了桌子，连趴着睡觉的地方都没有。

我突然想到，我个人有解决这个问题的方法，那就是使用文献管理软件。它不仅可以在线阅读和标记，也可以自己抓取论文的关键信息，哪怕换了电脑都还可以使用，可谓写论文的必备利器。

于是我在会场上分享了这个技巧。

结果，我明显地感受到，我并没有得到别人的感谢，只得到了别人的讨厌。

这时，另外一个女生出来发言，她说她不会使用文献管理软件，她更擅长一种更加传统的归档方式，于是她介绍了这种方式，获得了雷鸣般的掌声。

小组讨论完，一个朋友对我说：喵大师，你真委屈。你明明一片好意，大家却认为你在炫耀。连这种基础的文献管理软件都不会，还怎么实现论文投稿，一群演技派！

我感谢朋友的同情，但我其实不认同这种叙事风格，我心里想的是：我觉得是我发言过快了，我应该先等等别人的发言的。不是每个人都擅长使用 AI 软件的，我的意见显得别人不努力似的，我应该向他们道歉，毕竟人家都没公开骂我。另外，我感谢后面发言的那位女生救场，她挽救了我的错误。

于是"我因为能力拔群被人嫉妒"和"我冒犯别人但被原谅"这两种叙事风格就出现了。

我为什么选"我冒犯别人但被原谅"呢？

○ 不执着对错，聚焦关键目标

你必须明白，这件事的真实情形到底是哪种，其实是不确定的。

选"被人嫉妒"和选"被人原谅"都有一半概率是错的，也或者，这件事的发生是两者皆有。

有趣的点在于，命运的分歧点，不在于你是否选对了，而在于你的错误是否有质量。

你选"被人嫉妒"，你的心中会有一种巨大的恐惧感，仿佛你的身边都是敌人，仿佛你是这个世界上唯一清白的人，而恶人们随时可以联合起来消灭你。

自然，你会越来越不敢冒险，别人会告诉你，你要低调。你的真实感觉是，我这么努力，付出这么多，但还是比不上这些所谓的人情世故，还是被人欺凌。

　　　　　　　人生支点越多　　内核越稳

那我还有必要努力，有必要受罪，有必要背负这一切吗？

迟早有一天，你会在巨大的恐惧和怀疑中选择放弃天赋，成为一个庸人。你以为这样就能给你安全感，你错了。

世界不允许这种傲慢，赐予你才能的同时，也赐予你守护的义务。不管你必须守护的是你的家人、学生、客户，还是某个你完全不认识，却因为你的业务而和你有联系的人。

你放弃职责，世界会毒打你，它希望你醒悟，这里面的痛苦是创意无限的。直到有一天，你老了，完全没有力量了，世界会放弃。但显然，那一天距离你还很远。

但你要是选"被人原谅"，在今后发言时，你就会注意别人的感受，这种事发生的概率就会大大下降。哪怕你还是犯了同样的错误，就凭你这种"低人一等"的态度，也会立即消解别人的攻击欲望，你会有更大的可能得到别人的帮助，从而完成你原本的使命。

这种"我错了"的觉悟，不是一种懦弱。这使得你每次遇到困难，都会下决心投入智力资源去思考"是不是原本我哪件事没想对"。哪怕你最终得出的答案还是错误的，这份思考作业也会让你的智力得到发展。

毕竟，"总有刁民要害朕"这种思考习惯，过于懒惰，也过于怯懦。

你必须躲在"正确"这两个字下，才可以安全吗？

所以，哪怕你真的是被人嫉妒因而被人讨厌，你选"我被人原谅"了，从客观上，能最大化地减少对手的敌意，哪怕是你的支持者，也能从这份从容中感受到安全。这能在实践意义上促使你远离内耗，有更高概率获得别人难以企及的成就。

到那时，你到底是被人嫉妒还是被人原谅，就不重要了。

做对这件事，你将跃升阶层：
用"自我调整"替代"外界抱怨支点"

○ 机会留给愿意改变的人

有读者问我："喵大师，我现在对人生有点迷茫，想要跨越阶层，可是又不知道往哪个方向去努力，又不想一直处于底层，我该怎么办？"

这个问题很多人问过我。但有一点奇怪的就是，他们是带着一种绝望来问我的，就好比这个读者。

他们在问这个问题的时候，就已经假设自己是没有可能成功的。他们已经默认我基本是不可能知道这个问题的答案的。并且也许他们觉得，即便我知道答案，也不可能分享给他们，况且我也不是特别成功的人，我的方法可能不适用。

所以，你会明显地感觉到，这个问题就像是在绝望命运面前

人生支点越多　内核越稳

最后的挣扎。

首先，你是可以成功的，可以逆天改命的，任何时候都可以，任何条件都可以。我的格言就是：人没有资格凭着自己的智慧就宣布绝望。

我知道这个问题的答案，我也乐于分享给你，这个答案不会因为掌握的人多就失效。说实话，在这个艰难的社会里，掌握的人多了，我们的日子会舒服一点。

你放心，如果你真的去做，你会确确实实地改变命运，改变阶层。

唯一的弊端就在于，成功的那一刻，你会发现：所谓的成功，其实是把自己献给了社会，你其实是用肉身去弥补人类无效性所带来的混乱和错误，在别人羡慕的那些东西背后，是难以言喻的痛苦和责任。

在理解上述真相的基础上，你还是想成功，那么我祝福你。

你想要的成功，没有那么难，它其实是一件念念不忘必有回响的事，不是一件凑齐条件就必然达成的事。

成功，需要天时地利人和。

你不要觉得你没有机会，在人生中的很多时候，必然会有机会，而且是多次，因为世界有极大的随机性。

那你为什么没有接住这些机会呢？

因为机会都是留给有准备的人的。

机会留给愿意改变自己以适应时代变化的人。只有这样的人，才能站在社会变迁的前沿，借着时代的东风，成为人们口中的成功者。

请记住，不是英雄造时势，而是时势造英雄。

○ 调整自己，戒掉无效思考习惯

举一个例子，我亲眼看到两个有潜力的学者，A 成了学术大腕，B 成了大龄讲师。

在进校前几年的时候，A 和 B 都有不少学术成果，因为他们师出同门。到了年终报账的时候，两人同时遇到了问题。

财务对很多经费卡得很严，于是两人很多费用都报不出去，前前后后跑了财务处十多次，问题还是没有解决。

于是，B 一直跟我吐槽：财务处的这些人，真狂妄啊，居然敢对我一个海归博士如此嚣张，显然就是不尊重人才，这个学校要完。

B 报销的内容是一些电子设备，什么平板啊，笔记本电脑啊。财务处的人让 B 写理由书，解释清楚这些东西对研究有什么用。

B 觉得这是对自己的一种侮辱：我做实验难道不用储存数据？

理由书交上去后，财务处让 B 找院长签字，院长很为难，让他找科研处的人问问。科研处却说，不归他们管，请他直接联系财务处。

一个死循环，事情拖了半年后，不了了之，院长出面用院里的经费帮 B 解决了部分科研经费。

但从此 B 恨透了学校的人，觉得这是大学衙门迫害了学术。

我要是不认识 A，听完 B 的描述，我也会赞同他的观点。B 把这件事说了很多次，直到最后，一直支持他的老婆都听不下去了，让他为孩子的奶粉钱想想办法，去跟院长低个头吧。

"我永远不会向邪恶势力低头。"这是 B 最后的观点。这个观点没有得到周围人的欣赏。

而 A 在遇到实验设备无法报销时，通过大学时候的一个学弟，终于从财务处负责人那里听到了真实答案。

因为最近科研经费的审核变严格了，这种设备要是报销的话，就有可能被上面怀疑是骗取科研经费，最后会变成学校的一笔烂账。

负责人说了几个成功报销的案例，于是 A 回去重新梳理了一下自己的工作。

过了几天，A 来报销自己做研究时花掉的材料费、发表论文时所需要的出版费，而且出具了证明，他的成果得到了海内外学界的一致认可。

不到三天，A 的经费就报销了。领导说，最近学校排名下滑严重，需要一点重磅论文来支撑。看到 A 自掏腰包做科研却不埋怨，院里决定给 A 几个项目，以补偿他的损失。借着这几个项目，A 累积了人脉、经验、业绩。

五年后，A 已经是副院长的热门候选人了。

上述案例，一个关键的点就在于，当你遇到使你无法前进的阻碍时，你是选择去断别人的罪，还是选择调整自己的策略。

宣布别人有罪唯一的好处，就是会产生一种虚假的安全感——似乎你是正确的，别人是错误的，别人只要听到你的控诉，就会改变自己来迎合你，你想要的一切就可以得到了。

这彻头彻尾是一种懦弱。

这种归因在部分层面上有合理性，但你改变不了世界，你唯一能改变的变量，只有你自己。

我告诉你个残酷的事实：这些阻碍完成了某种社会分层，因为不是每个人都可以跃升阶层的，毕竟上位生态位置的数量是极其有限的。

而你要是选择另外一条路，有人会告诉你，你需要的是调整预期和调整策略。

当一个行动无效时，你要思考一下，是不是自己哪个地方做错了。当你想解决困难的时候，困难没有那么难；当你需要找到方法时，方法没有那么难找。

不管你多么不开窍，只要你戒掉"断罪"这种无效的思考习惯，你放心，一定有人会找到你合作。因为和你谈恋爱、做项目、搞科研，不会突然被你仇恨，成为一个"无耻"的人。你会有比断罪者大得多的概率，得到别人的帮助而获得滋养。

请多看这类倡导自我改变的信息，并分享出去。你的贵人、爱人会看到，他们早已疲惫不堪，期待你的合作。

这个世界上最勇敢的人，是永远能看到光的人。

　　　　　　　人生支点越多　　内核越稳

一个人自律，是希望自己成为强者：

让"习惯养成"成为"稳定支点"

○ 努力让自己成为强者

2024 年初有一部电影特别火，主演该电影的一位著名演员一年之内减重 100 斤，还练出了很多肌肉，引发了赞美和争议。

其实我对这样的宣传方式有点担心，因为这种前后反差特别大的宣传，会让很多人进行自我攻击，即"我为什么不可以像她一样"。

实际上，这种自我攻击是自律的一大障碍。

或者换句话说，"弱者只会被欺负，我要脱离这种屈辱"的想法，实际上在阻碍你成为世俗意义上的强者。

如果你把强者定义为在某一方面能力优于大众平均水平的

人的话，那么成为强者最需要的，从来都不是目标或动力，而是一套可以长期运作，能够稳步实现提升的生活习惯。也或者叫自律吧。

但你每一次批评自己"不努力"，实际上都在破坏这种稳定。

你想成为一个行业的大牛，你就必须从新手开始入门，在大牛看来，你就是弱者。

假如你想要获得良好的异性缘，你就必须学会打扮自己，在高颜值人群面前，你就是弱者。

但不管你多么有资历，多么有钱，多么有颜值，一旦你需要背负许多人的未来，比如担任一家之主或企业老总，你也不得不在某些情况下向地位不如你的人低头。

况且不管你多努力，你的运算能力一定不会比 AI 强。

以上事实不再列举，我想告诉大家的是一个绝对的事实。

你不可能在任何情景、任何时刻、任何条件下都保持强大，你这一辈子的绝大部分时候，都只是在某几个方面稍微强大，而在人生 90% 以上的领域，你是个绝对的弱者。

你的寿命、智慧、运气、肉体共同决定，你不可能永远领先于别人。

因此那种"努力就可以改变命运，就可以咸鱼翻身"的观点，从根本上看就是在摧毁你的自律。因为你必然在人生的绝大多数时刻里遭遇打击或者挫折。不管你多么有实力，颜值有多高，多么能控制自己的体重，你依然会对这个世界 90% 以上的问题束手无策。

这就是这个世界的真实。

所以，你但凡抱有"弱者只会被欺负"的想法，就会因为客观上无法脱离弱者的身份，而从逻辑上得到一个结论："我还不够努力，那种能够逆天改命的努力我听过上百次，就像那种我相信、崇拜的人他们曾经做过的那样。"

你必然迎头撞上绝望，继而放弃努力。

○ 成长最快的方法是犯有质量的错误

不要鄙视那些"不努力"的人，无论是你自己，还是别人。因为你将不可避免在某个时刻变得不是很努力。

例如，我已经留学三年了，但是依旧难以改掉每过几个月就要给我的老师招来麻烦的毛病，哪怕我认真学习了规则，哪怕我多次请教了前辈，哪怕我平时小心谨慎。

但我释怀了，我只要向未知领域冲击，就必然遭遇失败。我要做的，就是让这些失败有价值，不要再犯第二次，这会让我逐渐变得熟练起来。

所以说，其实成长最快的方法，还真不是"过度努力"，而是"犯有质量的错误"。

例如我投稿论文遭遇挫折。

在我给编辑部推荐的审稿人里，没人愿意抽时间审我的稿子，而最近编辑部的审稿人又很忙，导致我的论文审稿进度一直缓慢。

假如遇到这个问题，我的惯常思维是"失败是因为我不努力"的话，我必然开始群发邮件给各路学界大佬，希望他们能抽时间看一下我的论文。我可以肯定，哪怕我意志力爆棚，一天发出几十封邮件，也还是找不到审稿人。

那么为了回避自我攻击，为了消除逻辑错误，我必然会在脑中产生以下观念。

（1）我是努力的，都是因为学术大佬们太高傲了，我一介新人被欺负了……

（2）我是努力的，还不是因为太"卷"了，投稿数量暴增，我果然是个不幸的人……

（3）这家杂志社，居然连审稿人都找不到，我知道的×××，直接投就中了啊，真晦气。

一旦脑中出现以上观点，结果就是：我由于绝望而最终放弃投稿。

实际上，在虚心请教前辈后，我发现我遗漏了一件事。

既然要投英文期刊，我就需要参加一些以英文交流为主的学会，认识同领域的一些专家，并得到他们的指点。这样，我就能找到最有可能了解我研究的学者，继而向编辑部推荐我的论文。

所谓的弱者和强者的分水岭就在这里。

（1）弱者：遇到失败—自我攻击—加大投入—继续失败—自我慰藉—自我放弃

（2）强者：遇到失败—客观评估—修改策略—再次失败—再次修改—成功

认为自己是强者就再也不会被欺负，这是一种天真。如果你足够勇敢，你会发现，在人的一生当中，失败如影随形。而人群中稍微强一些的人，只是比别人更善于接受失败而已。